ZU DIESEM BUCH

Ärgern Sie sich auch des Öfteren, dass Sie mal wieder etwas vergessen haben? Ständig entfallen Ihnen Dinge oder Sie verlieren den Faden. Ihr Gedächtnis ist wie ein Sieb. Und Sie haben das Gefühl, mit jedem Lebensjahr wird es schlimmer. Sie können sich nur schlecht Namen merken. Sie vergessen die Geburtstage Ihrer Freunde. Sie vergessen im Supermarkt die wichtigste Zutat für Ihren Kuchen zu kaufen und dass, obwohl Sie sich noch daran erinnert haben, bevor Sie den Laden betreten haben. Letztes Wochenende ist es Ihnen auch schon wieder passiert, dass Sie Ihren nagelneuen Pullover in einem Restaurant vergessen haben und grade eben haben Sie eine halbe Stunde lang nach Ihrem Handy gesucht, dass Sie irgendwo unter einem Sofakissen vergraben hatten.

Diagnose: Ihr Gedächtnis lässt nach! Dieses Buch will Ihnen helfen, Ihr Gedächtnis zu trainieren, um wieder fit im Kopf zu werden. Vergesslichkeit ist nicht unbedingt eine Frage des Älterwerdens. Oft sind wir vergesslich, weil wir gestresst sind. Unser Gehirn ist überfordert mit der Aufnahme unterschiedlicher Informationen und der Ausführung von Tätigkeiten. Sicher kennen Sie die Situation, wenn Sie plötzlich in einem Raum stehen und sich fragen, was Sie jetzt eigentlich wollten. Grade eben wussten Sie es noch. Sie sind aufgestanden und ins Wohnzimmer gegangen, um irgendetwas zu erledigen. Dann ist es Ihnen plötzlich entfallen. Von einer Sekunde auf die andere. Jetzt stehen Sie hier in Ihrem Wohnzimmer, drehen sich ein paar Mal im Kreis und wissen auch nach minutenlangem Überlegen noch nicht, was eigentlich Ihr Plan war.

Auch die folgende Situation ist Ihnen wahrscheinlich vertraut. Sie gehen durch die Stadt und plötzlich steht jemand vor Ihnen, grüßt Sie und kennt Ihren Namen. Sie können diese Person jedoch absolut nicht einordnen. Sollten Sie sie kennen? Scheinbar! Ein neuer Kollege? Ein alter Schulkamerad? Ein entfernter Bekannter? Eine verflossene Liebe? Eine peinliche Situation!

Was wir vorhaben

Dieses Buch ist ein Buch für Jung und Alt! Denn jeder Leser egal welchen Alters, wird das Problem des Vergessens kennen.

Wir wollen das Buch mit ein wenig Hintergrundwissen über unser Gedächtnis und unser Gehirn beginnen. Wie funktioniert *Merken* und *Erinnern* überhaupt? Im zweiten Kapitel fangen wir mit *Gehirn-Meditation* an. Das hilft unser Gedächtnis zu sortieren und aufzuräumen, bevor wir es überhaupt trainieren. Sie lernen sich von überflüssigen Gedanken und Stress zu trennen, die Ihre Merkfähigkeit bisher immer getrübt haben. *Konzentrationsübungen* sind der nächste Schritt. Hier erfahren Sie, wie Sie sich besser auf Sachen fokussieren und sich nicht ablenken lassen. Mit vielen Übungen können Sie diese Konzentration zurückerlangen, denn ihr Mangel ist es, der Sie zerstreut sein lässt und immer häufiger Sachen vergessen lässt.

Sie lernen anschließend verschiedene *Mnemotechniken* kennen, die Ihnen das Werkzeug und die Strategie in die

Hand geben, Informationen richtig und dauerhaft zu speichern. Egal ob Sie eher der visuelle oder der auditive Lerner sind, mit diesen Methoden wird Ihnen das Merken bald leichter fallen. Wollen Sie eine Fremdsprache lernen, dann erfahren Sie hier, wie Sie Vokabeln in Ihrem Gedächtnis fest verankern, statt sie nur auswendig zu lernen, um sie dann sowieso wieder zu vergessen. Dasselbe lernen Sie für Geburtstage, Namen und andere Informationen.

Eselsbrücken, Codierungen und *Assoziationen* werden Ihnen helfen, sich auch an noch so komplexe Inhalte zu erinnern. Alles was Sie lernen müssen, ist ein Netz aus Informationen und Verbindungen in Ihrem Gedächtnis zu knüpfen und dieses Buch zeigt Ihnen: *Wie*!

Im letzten Kapitel können Sie dann zeigen, was Sie gelernt haben und Methoden und Strategien in diversen Spielen selbst ausprobieren, trainieren und verbessern. Beginnen Sie also gleich mit Ihrem Gehirn-Jogging und machen Sie sich und Ihren Kopf fitter!

WISSENSCHAFTLICH BETRACHTET...

Ein gesunder Mensch ist ernährungsbewusst und körperlich aktiv. Sport hält unseren Körper fit, beweglich und jung. Genau dieses Prinzip lässt sich auch auf Ihr Gedächtnis anwenden. Auch dieses sollten Sie regelmäßig fordern und herausfordern, um es zu trainieren. Sowie sich Bewegung positiv auf Ihre physische Gesundheit auswirkt, wirkt Gehirn-Jogging auf Ihre Psyche. Es lässt Sie fit und aktiv im Kopf sein, macht Ihren Alltag einfacher und lässt Sie weniger gestresst sein, weil Sie keine Angst haben müssen etwas vergessen zu haben.

Fakt ist, wenn Sie älter als Mitte 20 sind, hat Ihre Gedächtnisleistung bereits Ihren Höhepunkt erreicht. Nach diesem Alter baut die Leistungsfähigkeit Ihres Gehirns stetig ab. Auffassungsgabe, Merkfähigkeit und Erinnerungsvermögen lassen nach. Diesen Prozess können Sie jedoch aufhalten oder zumindest verlangsamen.

Was ist dieses *Gedächtnis* überhaupt?

Das Gedächtnis ist der unsichtbare Memorystick unseres Gehirns. Es ist die Fähigkeit sich an Ereignisse, Personen oder einzelne Dinge erinnern zu können. Gedächtnis ist ein Prozess, jedoch kein verortbarer, physischer Bestandteil unseres Körpers, so wie das Gehirn. Hier speichern wir Informationen, die wir später abrufen. Die Fähigkeit uns an Dinge erinnern zu können, ist Voraussetzung lernen zu können. Unser Gedächtnis beeinflusst also auch unser zukünftiges Verhalten.

Man Unterscheidet in Kurzzeit und Langzeitgedächtnis. Das Kurzzeitgedächtnis währt nur einige Sekunden bis Minuten. Zum Beispiel wenn man eine Telefonnummer nachschlägt und sich merkt, um Sie sofort zu wählen. Danach kann man sie jedoch wieder vergessen. Unsere eigene Telefonnummer ist jedoch in unserem Langzeitgedächtnis gespeichert. Denn die meisten Menschen kennen sie wahrscheinlich auswendig und behalten die gleiche Nummer für mehrere Jahre. Es lohnt sich also die eigene Nummer im Langzeitgedächtnis zu speichern.

Die Informationen im Langzeitgedächtnis sind also wertvollere Informationen, denn wir brauchen sie länger oder müssen uns erst viel später an sie erinnern. Wenn wir eine Gehirnerschütterung haben, werden zum Glück nur die Informationen im Kurzzeitgedächtnis gelöscht, die im Langzeitgedächtnis behalten wir normalerweise. Sollten auch diese gelöscht worden sein, müssen wir einfachste Dinge von neuem erlernen. Im Extremfall kann man sich nicht an seine nächsten Familienangehörige erinnern. Menschen die einen Schlaganfall hatten, müssen beispielsweise wieder lernen, wie man läuft oder spricht.

Es ist das Kurzzeitgedächtnis, das den meisten Menschen im Alter Probleme bereitet. Sicher haben Sie schon einmal beobachtet, wie ältere Menschen, schnell vergessen, was sie heute oder gestern gemacht haben. An die Vergangenheit, ihre Kinder- und Jugendtage können sie sich aber noch genau erinnern. Das können sie, weil diese Dinge eben im Langzeitgedächtnis gespeichert sind.

Gedächtnisstörungen

Es gibt viele Ursachen, weshalb es zu Gedächtnisstörungen kommt. Ein Grund können körperliche und seelische Störungen sein. Genetisch bedingte Veranlagungen, Demenz, Schlaganfall, starker Alkohol- und Drogenkonsum sind solche Ursachen, die uns physisch beeinträchtigen. Seelische Störungen sind zum Beispiel Traumata.

Meistens werden Gedächtnisstörungen jedoch mit Konzentrationsstörungen verwechselt. Genau diese machen Ihnen zu schaffen, wenn Sie in Ihrem Wohnzimmer stehen und plötzlich nicht mehr wissen, was Sie hier wollten. Es ist nicht unbedingt Ihr Gedächtnis, das Sie in dieser Situation im Stich lässt, sondern fehlende Konzentration.Oft lassen sich mangelnde Konzentration und Gedächtnisstörungen aber auch nicht klar voneinander trennen.

Haben Sie eine Gedächtnisstörung, die nicht körperlich bedingt ist, könnte sie folgende Ursachen haben: Stress, Schlafmangel, die zu starke Konzentration auf ein bestimmtes Thema, Sorgen (z.B. Existenzängste bedingt durch Geldsorgen), Depressionen, zu wenig Bewegung, Hitze,

Flüssigkeitsmangel, eine völlig falsche bzw. unzureichende Ernährung usw..

Alle diese Ursachen sind oft nur von kurzer Dauer. Sind uns Ursachen wie Stress, Schlafmangel oder Konzentrationsschwächen nicht bewusst bzw. widmen wir ihnen keine Aufmerksamkeit, wird auch unser Gedächtnis über einen langen Zeitraum hinweg negativ beeinflusst.

Konzentrationsschwächen

Unter Konzentrationsmangel leidet jeder hin und wieder. Mal ist er stärker mal weniger ausgeprägt. Es fällt schwer sich mit einer Aufgabe oder einem Thema zu befassen. Schon nach wenigen Sekunden kann die Aufmerksamkeit nachlassen. Sind wir unaufmerksam, speichern wir logischerweise keine oder nur bruchstückhafte Informationen in unserem Gedächtnis ab. Daraus ergibt sich dann das, was wir als Gedächtnisstörung bezeichnen.

Konzentrationsschwäche kann das Ergebnis von Nährstoffmangel sein. Sie sollten sicherstellen, dass Sie genügend Magnesium, sowie Minerale, Eisen und B-Vitamine aufnehmen. Wassermangel kann ein weiterer naheliegender Grund sein. Vielleicht leiden Sie auch unter Blutzuckerschwankungen, niedriger Blutdruck oder Durchblutungsstörungen. Auch zu wenig Bewegung lässt nicht nur unseren Körper, sondern auch unser Gedächtnis einrosten. Wenn Sie während Ihrer Konzentrationsphase aufstehen und sich bewegen, kann das Wunder wirken.

Einen gesunden Ernährungs- und Lebensstil zu haben,

fördert also auch Ihre Konzentrationsfähigkeit. Überprüfen Sie selbst, ob Sie eine ausgewogene Ernährung, genug Bewegung, genügend Schlaf und Ruhephasen haben. Trinken Sie mindestens zwei Liter am Tag und gönnen Sie sich viel frische Luft.

Psychische Überlastung und Schlafmangel sind, wie gesagt, die häufigsten Ursachen für Konzentrationsschwächen. Wenn Sie eines von Beiden bei sich selbst diagnostizieren können, wissen Sie bereits, was Sie dagegen unternehmen können. Das nächste Kapitel wird Ihnen zeigen, wie Sie ihre Gedanken und Ihr Gedächtnis entspannen und hilft Ihnen anschließend mit Konzentrationsübungen, dieser Art von Gedächtnisstörung entgegenzuwirken.

GEHIRN-MEDITATION

Es ist wissenschaftlich erwiesen, dass Sie durch Meditation Ihr Gehirn quasi umbauen können. In diesem Kapitel, sollen Sie lernen, wie Sie Ihr Gehirn gedankenfrei machen. Dass ist wichtig um zur Ruhe zu kommen, denn wie wir bereits gelernt haben sind Stress und Schlafmangel, vermutlich auch die Ursachen, die bei Ihnen Konzentrationsstörungen auslösen. All diese Gedanken, die Sie gestresst sein lassen und ablenken, werden Sie gleich hinauswerfen.

Körperfokussierung

Setzen Sie sich in eine bequeme Position. Ihre Umgebung sollte ruhig sein und eine angenehme Temperatur haben. Nichts sollte Sie ablenken können. Schalten Sie also unbedingt alle elektronischen Geräte ab. Schließen Sie die Augen. Um Herr über Ihre Gedanken in Ihrem Kopf zu werden, müssen Sie zuerst lernen, sich auf Ihren Körper zu konzentrieren. Das ist der Beginn einer jeden Meditation.

Richten Sie Ihren Fokus nach und nach auf jedes einzelne Körperteil. Nehmen Sie sich mit jedem Ihrer Sinne selbst wahr. Beginnen Sie mit der Nasenspitzen, wandern Sie zu Ihrem Mund und Ihrer Zunge, die schwer darin liegt. Zu Ihren Ohren. Welche Geräusche dringen da durch Ihre Ohren? Wandern Sie Ihre Schultern, Ihre Oberarme, Unterarme hinunter bis zu Ihren Handflächen und dann weiter zu den Fingerspitzen. Was fühlen Sie in den Fingerspitzen? Wandern Sie zurück über Brust, Bauch, über die Beine, zu den Füßen und den Rücken hinauf, zurück zu Ihrem Kopf. Jedes Ihrer Körperteile nehmen Sie detailliert wahr.

Diese Übung ist auch Ihre erste Konzentrationsübung.

Sie sollten ich mindestens 10 Minuten Zeit lassen jeden Abschnitt Ihres Körpers zu erfassen, ohne sich ablenken zu lassen.

Frühjahrsputz im Kopf

Sie sind nun also mit Ihrem Fokus zurück in Ihrem Kopf. Bleiben Sie hier. Sie wollen für einige Minuten völlig frei von Gedanken sein. Hierfür machen Sie sich zunächst klar, dass Sie sich im Hier und Jetzt befinden. Die Vergangenheit und die Zukunft gibt es in Ihrem Kopf nicht. Alles was vergangen ist, macht uns am meisten zu schaffen. Die Dinge die bereits geschehen sind, sind die Dinge über die wir nicht aufhören können nachzudenken. Dann beginnen sich unsere Gedanken im Kopf zu drehen, ein Gedanke führt zum nächsten und wir finden kein Ende. Doch was in der Vergangenheit liegt, zählt nun nicht mehr. Auch über die Zukunft müssen Sie sich keine Gedanken machen. Konzentrieren Sie sich einzig und allein, auf Ihre bloße Existenz im Hier und Jetzt.

Ertappen Sie sich, wie Ihre Gedanken abdriften, dann führen Sie sie langsam zurück. Lassen Sie nicht zu, dass Ihre Gedanken *Sie* kontrollieren. Es sollte andersherum sein. *Sie* kontrollieren Ihre Gedanken. Und Ihre Gedanken sind nur etwas undefinierbares in Ihrem Kopf. Etwas unsichtbares, dass Sie gestresst sein lässt. Etwas irreales. Sie sind stärker als Ihre Gedanken. Ihre physische Existenz in dieser Sekunde ist es, was wirklich wichtig ist.

Jetzt sammeln Sie alle diese Gedanken zusammen. Stellen Sie sich vor, wie Sie in jeder einzelnen Ihrer Gehirnwindungen auch noch nach dem letzten Fetzen Ihres Gedankenwirrwarrs suchen. Sie finden alle Ihre Gedanken, egal wo sie sich verstecken. Jetzt ziehen Sie alle diese Gedanken aus der hintersten Ecke Ihres Gehirns. Sammeln Sie sie mit jedem Atemzug in der Mitte Ihre Körpers. Alle Ihre Gedanken sind nun dort zentriert, wo Ihre Lunge ist. Halten Sie sie kurz fest, nachdem Sie eingeatmet haben. Mit der nächsten kräftigen Ausatmung stoßen Sie alle diese Gedanken aus Ihrem Körper hinaus. In Ihrem Kopf, in Ihrem Körper ist kein Einziger mehr. Sie sind wie eine leere Hülle. Völlig frei von Gedanken. Verweilen Sie in diesem Zustand. Nichts ist da mehr. Das Einzige was existiert ist Ihr physisches *Ich*.

Wachen Sie nach ein paar Minuten aus diesem Zustand auf. Finden Sie langsam zurück. Wenn Sie bereit sind, erheben Sie sich und machen das Fenster auf. Jetzt scheuchen Sie auch noch den letzten Ihrer Gedanken, der sich im Zimmer befinden könnte, hinaus.

Wenn Sie diese Aufgabe erfolgreich gemeistert haben, sollten Sie sich ruhig und leicht fühlen. Sie haben eine gewisse innere Balance gefunden und haben Ihre Sinne geschärft. Konzentration sollte Ihnen schon jetzt leichter fallen.

Achtsamer & bewusster

Eine weitere Übung sich frei von Ihren Gedanken zu machen besteht darin, Ihre Achtsamkeit zu trainieren. Achtsamkeit bedeutet jeden einzelnen Ihrer oder anderer Handgriffe, Bewegungen, Veränderungen, Geräusche etc. bewusst wahrzunehmen.

Egal was Sie grade tun, die Übung können Sie immer anwenden. Kochen Sie vielleicht grade Ihr Abendessen, dann führen Sie jeden Ihrer Arbeitsschritte bewusst und langsam aus. Erzählen Sie sich in Gedanken, was genau Sie grade tun. So als ob Sie es jemandem erklären, der Sie nicht sehen kann. Nehmen Sie bewusst wahr, wie Sie das Messer ansetzen bevor Sie beginnen die Tomate zu schneiden. Dann üben Sie ein wenig Druck aus und spüren, wie sich jede einzelne Zacke des Messers durch die Schale der Tomate bohrt.

Nehmen Sie alles, was Sie tun in übertrieben Weise wahr. Sehen Sie zum Beispiel in irgendeine Ecke Ihres Zimmers. Und beschreiben Sie sich selbst, was genau Sie sehen. Machen Sie sich jedes einzelne Staubkorn auf Ihrer Zimmerpflanze bewusst. Folgen Sie jedem einzelnen Kabel neben

Ihrem Fernseher und entwirren Sie es von den anderen Kabeln, die drumherum liegen. Wandern Sie mit Ihren Augen jede Holzfaser Ihres Schrankes entlang.

Nehmen Sie sich selbst und die Welt um Sie herum bewusst wahr. Kein Detail entgeht Ihnen. Wenn Sie diese bewusste Wahrnehmung für ein paar Minuten jeden Tag üben, wird dies erstens sehr entspannend auf Ihr Gehirn wirken, da Sie in diesem Moment nicht denken, sondern nur wahrnehmen und beobachten. Zweitens schärfen Sie Ihre Konzentration und genau diese, wird sich später positiv auf Ihre Merkfähigkeit auswirken.

Meditationsroutinen

Für Meditationsübungen wie diese sollten Sie sich jeden Tag mindesten 20 Minuten Zeit nehmen. Das sind 20 Minuten die nur Ihnen gehören und die Sie völlig vom Gedankenchaos in Ihrem Kopf befreien, wenn Sie sie beherrschen. Natürlich erfordert diese Art der Meditation und Konzentration Übung, achten Sie deshalb konsequent auf die Durchführung. Sie werden sehen, dass sich Ihre Konzentrationsfähigkeit schon nach einigen Tagen gebessert haben wird.

Führen Sie diese Übungen durch, wenn Sie an etwas arbeiten, auf das Sie sich nicht mehr konzentrieren können oder wenn Sie etwas stresst. Eine meditative Ruhephase wird Ihnen neue Kraft geben diese Konzentration wieder herzustellen. Die Übungen machen sich auch besonders gut, bevor Sie ins Bett gehen. Denn die Gedanken, die kreuz und quer durch Ihren Kopf spuken, sind es, die Sie Abends nicht einschlafen lassen.

KONZENTRATIONSÜBUNGEN

Mit den Konzentrationsübungen in diesem Kapitel, steigern Sie Ihre Aufmerksamkeit, Ihre Konzentrationsfähigkeit und trainieren so Ihr Gedächtnis. Alle Übungen lassen sich ganz einfach im Alltag durchführen, sind kurz und knackig und kommen fast ohne Hilfsmittel aus.

Sie werden sich länger und besser konzentrieren können und den Arbeitsspeicher Ihres Gedächtnisses erweitern. Ihr Urteilsvermögen wird sich ebenfalls verbessern, da Sie auch komplexere Situationen besser erfassen können. So wird sich auch Ihr logisches Denken verbessern, da Sie Zusammenhänge besser erkennen und herstellen können. Für komplexe Fragestellungen werden Sie effektivere Lösungen finden.

Sorgen Sie am Anfang für absolute Ruhe und lassen Sie sich von Nichts und niemandem ablenken. Das wird Ihnen logischerweise die Konzentration erleichtern. Für Fortgeschrittenere ist es jedoch auch eine Herausforderung sich gezielt an einen Ort zu setzen, der ablenken könnte. Wenn Sie sich zum Beispiel an einen öffentlichen Ort mit vielen

Menschen setzen, müssen Sie sich noch mehr zwingen sich auf Ihre Übung zu konzentrieren.

Übung 1 - Zeitungsartikel

Sie brauchen für diese Übung eine Zeitung. Wählen Sie einen Artikel und zählen Sie in diesem Artikel einen bestimmten Buchstaben. Zählen Sie zum Beispiel in einem Artikel alle „a“ oder alle „i“. Am Besten zählen Sie einen Vokal, denn von diesen gibt es am meisten. Das fordert Sie mehr. Sie können am Anfang einen Stift benutzen und die Buchstaben abstreichen. Versuchen Sie das nächste Mal jedoch ganz ohne Hilfsmittel auszukommen.

Übung 2 – Flüsterndes Radio

Stellen Sie den Fernseher oder das Radio auf eine sehr niedrige Lautstärke. Sie stellen das Radio oder den Fernseher so leise, dass Sie sich genauestens darauf konzentrieren müssen, was gesprochen wird. Versuchen Sie diese Übung auf 15 Minuten auszuweiten. Steigern Sie sich auch, indem Sie in Ihrem Kopf oder verbal wiederholen, was soeben gesprochen wurden. So trainieren Sie gleichzeitig Ihr Kurzzeitgedächtnis.

Übung 3 – Mitgezählt?

Für die nächste Übung brauchen Sie ebenfalls ein Radio oder einen Fernseher. Wählen Sie sich ein bestimmtes Wort aus, welches relativ oft verwendet wird. Zum Beispiel „der, die, das, sie, ich, in“ usw. Zählen Sie mit, wie oft dieses Wort im Fernsehen oder Radio gesprochen wird. Auch diese Übung können Sie versuchen für 15 Minuten durchzuführen. Als Steigerung können Sie versuchen, auf mehr als ein Wort zu achten und zwei, drei oder vier Wörter mitzählen.

Übung 4 – Falsch herum

Diese Übung wird Sie schon etwas mehr fordern. Versuchen Sie spiegelverkehrt zu schreiben. Beginnen Sie indem Sie einzelne Buchstaben üben. Schreiben Sie dann ganze Wörter, Sätze und schließlich einen Text falsch herum. Kontrollieren Sie sich selbst, indem Sie einen Spiegel dagegen halten.

Übung 5 – Tik Tak

Folgen Sie bei dieser Übung konzentriert dem Sekundenzeiger. Starren Sie ausschließlich auf diesen Zeiger auf Ihrer Uhr und denken Sie an nichts anderes.

Übung 6 – Von 100 auf 0

Sie brauchen wieder eine Uhr mit einem Sekundenzeiger. Ziel ist es im Sekundentakt rückwärts von 100 bis 0 zu zählen. Wenn Sie das geschafft haben, ohne sich zu verzählen, können Sie diese Übung noch schwieriger gestalten. Jetzt zählen Sie ebenfalls rückwärts von 100 bis 0, jedoch in Zweierschritten. „100, 98, 96, 94..." usw.

Übung 7 – Von Z bis A

Eine Übung mit dem gleichen Prinzip können Sie durchführen, indem Sie das Alphabet rückwärts durchgehen. Wollen Sie einen höheren Schwierigkeitsgrad ausprobieren, lassen Sie jeden zweiten oder sogar jeden dritten Buchstaben weg. „Z, X, V, T, R..“ usw.

Übung 8 – Rückwärts buchstabiert

Buchstabieren Sie Wörter rückwärts. Sie können ein Buch oder eine Zeitung zur Hand nehmen und gleich das erste Wort buchstabieren, dass Ihnen ins Auge fällt. Sehen Sie sich also das Wort an, dann decken Sie es zu und buchstabieren es rückwärts im Kopf, ohne es zu sehen. Wählen Sie immer längere Wörter für diese Übung aus.

Übung 9 – Schritt für Schritt

Hier zählen Sie Ihre Schritte. Klingt einfacher als es ist!Sobald Sie sich verzählen, beginnen Sie von vorne. Falls Ihnen die Übung zu einfach ist, zählen Sie jeden zweiten, dritten oder fünften Schritt. Probieren Sie diese Übung doch einmal, wenn Sie Joggen. Oder noch schwerer, wenn Sie sich während dem Gehen mit jemandem unterhalten oder Musik hören, die Sie ablenkt.

Übung 10 – Perfekt organisiert

Diese Übung müssen Sie unter Zeitdruck verrichten. Stellen Sie sich eine Stoppuhr und geben Sie sich beispielsweise drei Minuten Zeit das Geschirr abzuwaschen, eine Mail zu schreiben, das Zimmer aufzuräumen, die Wäsche aufzuhängen oder ein Kreuzworträtsel zu lösen. Die Tätigkeit soll in dieser vorgegebenen Zeit machbar sein. Die Zeitbegrenzung sollte Sie allerdings extrem fordern. Zu Beginn werden Sie noch ein wenig hektisch und panisch arbeiten, um alles in dieser Zeit zu schaffen. Es geht jedoch nicht darum schnell zu arbeiten, sondern dass Sie lernen präzise zu arbeiten. Wenn Sie jeden Handgriff konzentriert und optimal setzen, können Sie die Arbeit schaffen, auch ohne sich zu hetzen. Lenken Sie Ihre Hände mit voller Aufmerksamkeit, denken Sie immer schon über Ihren nächsten Schritt und über die optimalste Organisation und die Reihenfolge aller Arbeitsschritte nach.

Übung 11 – Fortsetzung folgt...

Diese Übung führen Sie am Besten zu zweit durch. Es geht darum Sätze zu beenden. Eine Person beginnt einen Satz und die Andere ergänzt ihn. So können Sie eine Geschichte erfinden, die gleichzeitig Ihre Kreativität fördert. Diese Übung macht besonders Kindern Spaß. Zum Beispiel:

- Person 1: „Heute hat ….“

Person 2: „..der Elefant ein Picknick im Grünen gemacht. Er konnte....“

Person 1: „... seinen Picknickkorb nicht finden. Aber...“

Person 2: „... er hatte ja zum Glück eine Plastiktüte. Er wollte...“ usw.

Übung 12 – Sinnfreie Geschichten

Bei der folgenden abgewandelten Form der vorherigen Übung, sagt jede Person abwechselnd ein Wort. Sie kreieren ebenfalls eine Geschichte. Die Sätze, die Sie mit den einzelnen Wörtern zusammenstellen, müssen also Sinn machen und korrekt sein. Die Geschichte selbst kann natürlich völlig sinnfrei sein. Je lustiger desto besser. Lange überlegen ist verboten. Sie sollten mit Ihrem Partner in einen konzentrierten raschen Automatismus verfallen.

Hier ein Beispiel, die kursiven Wörter werden von Person 1, die normal geschriebenen von Person 2 gesagt: „*Du* hast *gestern* mit *deiner* Katze *gestritten*, weil *sie* wieder *zu spät* nach Hause *gekommen* ist....“

Übung 13 – Aufgepasst?

Erinnern Sie sich noch was in der Geschichte in Übung 12 passiert ist? Versuchen Sie sie noch einmal zu erzählen. Stellen Sie sich gegenseitig Fragen, was passiert ist. „Warum hast du dich gestern mit deiner Katze gestritten?“, „Warum ist sie zu spät nach Hause gekommen?“. Mal sehen ob sich der andere noch erinnern kann. Fragen Sie Ihren Mitstreiter nach anderen Dingen, die Sie am heutigen oder irgendeinem anderen Tag zusammen erlebt haben. Fragen Sie ihn zum Beispiel, wie Sie ihn heute begrüßt haben oder wann genau Sie sich letzten Sonntag getroffen haben. Mal sehen, wer sich besser erinnert.

Übung 14 - Gestern

Erzählen Sie von Ihrem heutigen oder gestrigen Tag. Sie erzählen sich allerdings in umgekehrter Reihenfolge. „Ich bin um 23Uhr ins Bett gegangen. Ich war mit Freunden ein Bier trinken. Wir haben einen Film im Kino gesehen. Ich habe spät Feierabend gemacht. Ich habe ...“ usw.

Übung 15 – Koffer packen

Sicher kennen Sie das Spiel “Ich packe meine Koffer”. Sie brauchen eine weitere Person für diese Konzentrationsübung, können es aber auch gegen sich selbst spielen. Sie packen also Ihre Koffer und sagen was Sie mitnehmen wollen. Die nächste Person zählt die Sache auf, die Sie in den Koffer packen und fügt etwas hinzu. Dann sind Sie oder der nächste Mitspieler wieder an der Reihe. Sie dürfen also nicht vergessen, was die Mitspieler vor Ihnen in den Koffer gepackt haben. Verlierer ist der, der zuerst etwas durcheinanderbringt oder eine Sache vergisst aufzuzählen. Nach ein paar Runden, sieht der Satz den Sie sagen müssen, dann vielleicht so aus: „Ich packe meine Koffer und nehme ein Bier, meinen Hund, ein Buch, 100€, mein Handy, meine Sonnenbrille mit.“ usw.

Übung 16 – Mimik & Gestik

Eine Abwandlung dieses Spiels besteht darin, dass ein Spieler seine Mimik oder Gestik kurz verändert. Zum Beispiel mit dem Finger schnippst, mit dem Auge zwinkert, sich an die Nase fasst, die Zunge rausstreckt usw. Der nächste Spieler muss diese Mimik oder Gestik wiederholen und eine neue hinzufügen.

Übung 17 – Aus zwei mach' eins

Bei dieser Übung geht es um zusammengesetzte Nomen. Natürlich können Sie die Übung auch wieder alleine durchführen. Haben Sie einen Mitspieler, umso besser! Ein Spieler nennt ein zusammengesetztes Nomen, zum Beispiel: „Weinglas“. Der nächste Spieler muss nun ein Nomen finden oder erfinden, welches mit „Glas“ beginnt und ein weiteres Nomen anhängen. Zum Beispiel: „Glastür“. Der nächste Spieler: „Türsteher“ - „Stehlampe“ - „Lampenfieber“ - „Fieberthermometer“ usw. Die Wörter können lustig sein, sollten aber weitestgehend Sinn machen.

Übung 18 - Reimen

Sie brauchen ein Wort, welches Sie spontan auswählen. Auf dieses Wort müssen Sie möglichst viele Reimwörter finden. Gehen Sie das gesamte ABC durch, um wirklich alle Wörter zu finden, die sich auf Ihr Wort reimen.

Übung 19 - Vorlesen

Sie brauchen für diese Übung unbedingt einen Partner. Dieser liest Ihnen einen Zeitungsartikel oder eine Geschichte vor. Sie müssen konzentriert zuhören. Danach wird Ihr Partner Ihnen Fragen zu dieser Geschichte stellen. Zum Beispiel: „Wie hieß die Hauptperson?“, „Wann hat der Held der Geschichte angefangen zu arbeiten?“, „Was hat er zum Frühstück gegessen?“ etc. Ihr Partner kann sich natürlich auch eine Geschichte ausdenken. Dabei sollte diese Geschichte aber voller Details stecken. Außerdem muss Ihr Vorleser sicher stellen, dass er sich selbst noch an diese Details erinnert, wenn er Ihnen Fragen dazu stellt. Er könnte sich während dem Erzählen Stichpunkte machen.

Übung 20 – Nichts verschütten!

Für die letzte Übung benötigen Sie ein leeres Glas und eine Kanne oder Flasche mit Wasser. Schließen oder verbinden Sie die Augen. Füllen Sie nun das Glas mit Wasser. Achten Sie dabei auf das Geräusch des Wassers. Nur an diesem Geräusch müssen Sie erkennen, wie voll Ihr Glas bereits ist. Die Herausforderung ist, es möglichst voll zu bekommen, ohne dass das Glas überläuft.

ORDNUNG IST DAS HALBE LEBEN

Im Folgenden wollen wir nun tiefer in die Materie einsteigen und uns verschiedenen Merk- und Mnemotechniken widmen. Es gibt verschiedene Techniken um sich Dinge besser merken zu können. Sie kennen die klassische Eselsbrücke. Es kommt bei der Technik, die Sie anwenden jedoch auch darauf an, was genau Sie sich merken wollen. Wollen Sie Ihr Namensgedächtnis verbessern, sich endlich Geburtstage merken können, pauken Sie Vokabeln für eine neue Fremdsprache oder geht es darum, sich komplexere Strukturen zu merken, um komplizierte Zusammenhänge zu verstehen. Oft liegt Ihnen die Antwort, das an was Sie sich erinnern wollen auf der Zunge, aber es fällt Ihnen einfach nicht ein. Egal ob Sie sich Ihre Telefonnummer einfach nicht merken können, Jahreszahlen für das Geschichtsseminar lernen müssen oder immer wieder Namen von Musiktitel und Filmtitel vergessen. Mit der richtigen Technik, passiert Ihnen das nicht mehr.

Die Grundlage für jede Merkfunktion unseres Gehirns ist es, die Information die wir behalten wollen, mit möglichst vielen anderen Informationen zu verbinden. Das gelingt besonders gut, wenn wir diese Information mit so vielen Sinnen wie nur möglich erfassen. Wenn wir beispielsweise eine Vokabel lernen, sollten wir sie geschrieben sehen, hören und fühlen, indem wir Sie selbst noch einmal aufschreiben. Weiterhin sollten wir diese Vokabel mit anderen Bereichen in unserem Gedächtnis verknüpfen. Wir verknüpfen Sie mit weiteren zu lernenden Vokabeln, indem wir Sie in eine Geschichte einbauen, die wir erfinden. Wiederholen wir diese Geschichte, wird uns auch die Vokabel wieder einfallen. Wir können die Vokabel mit Dingen, Orten, Farben oder sogar Personen verbinden. Doch zu dieser Technik gleich mehr.

Wichtig ist es zu verstehen, dass Sie die Dinge, die Sie sich merken wollen, wie ein Netz in Ihrem Kopf verweben. Eine Vokabel ohne Verbindung, wird sich nirgendwo in Ihrem Kopf festhalten können. Das ist der Grundgedanke für die nachfolgenden Merk- und Memo-Techniken und Übungen. Je mehr Verknüpfungen Sie zwischen Ihren Hirnarealen herstellen desto besser.

Wenn Sie diese Techniken üben und ausprobieren, sollten Sie sich einen Zeitplan machen. Zum Beispiel nehmen

Sie sich ab sofort jeden Tag 15 Minuten Zeit, sich Vokabeln, Namen, Geburtstage, Termine usw. zu merken. Wenn Sie die Technik beherrschen, werden Sie sie auch kinderleicht auf andere Bereiche anwenden können. Falsch ist es, in kurzer Zeit viel lernen zu wollen. Büffeln Sie nicht fünfzehn Stunden lang an den letzten zwei Tagen vor der Prüfung, sondern lernen Sie über mehrere Tage oder Wochen hinweg nur wenig aber dafür kontinuierlich Stoff am Tag.

Schreib's auf!

Bloßes auswendig lernen durch wiederholen fällt schwer. Was immer Sie lernen wollen, Sie lernen es viel besser, wenn Sie das, was Sie auswendig lernen wollen mit anderen Dingen verknüpfen. Lernen Sie mit möglichst vielen Sinnen. Nehmen wir an, Sie wollen sich Vokabeln einer neuen Sprache merken, die Sie grade lernen. Die folgenden Anleitungen lassen sich jedoch genauso gut auf jegliche andere Informationen anwenden. Schreiben Sie die Vokabeln immer wieder auf. Jedoch noch nicht einzeln in Form einer Liste. Verwenden Sie sie in Sätzen, die immer komplexer werden. So können Sie auch mehrere neue Vokabeln verzahnen und festigen und lernen außerdem sie in Grammatik und in Sätzen anzuwenden. Schreiben Sie zunächst vorgegebene Sätze ab. So können Sie sicher sein, dass diese Sätze korrekt und die Anwendung der Vokabel im Satz richtig ist. Kopieren Sie diese Sätze, bevor Sie anschließend kleine Details im Satz ändern. Verändern Sie das Pronomen im Satz oder fügen Sie ein Adjektiv hinzu. Schreiben Sie so viele Sätze wie möglich. Sehen und schreiben Sie nicht nur die

Vokabeln, sondern sprechen Sie sie mit, während Sie schreiben und wiederholen Sie den Satz verbal, wenn er fertig geschrieben ist.

Wenn Sie eine Seite mit Schreibübungen beendet haben, lesen Sie sie noch einmal durch. Markieren Sie die Vokabeln, die neu für Sie waren oder die Sie sich bisher einfach nicht merken konnten. Jetzt nehmen Sie ein neues Blatt und schreiben weitere Sätze mit diesen Vokabeln. Am Besten haben Sie bereits im Kopf, welche Vokabeln Sie noch einmal verwenden wollen.

Ordner anlegen

Um Vokabeln oder Informationen zu sammeln und die Orientierung zu behalten, sollten Sie eine Liste anlegen. Unterteilen Sie diese Liste. Damit Sie die jeweiligen Vokabeln einfacher in Ihrem Kopf finden, legen Sie eine übergeordnete Thematik an. Dass funktioniert, wie die Ordner auf Ihrem Notebook oder Computer. Hier haben Sie zum Beispiel einen Ordner mit dem Namen: „Eigene Dateien". In diesem Ordner finden Sie weitere Ordner mit untergeordneten Thematiken. Zum Beispiel: „Bewerbungen", „Urlaubsbilder", „Hausarbeiten" und „Finanzamt". Auch diesen Ordnern sind wiederum Thematiken oder Dateien selbst untergeordnet. Im Ordner mit den Urlaubsbildern haben Sie die Bilder nach den jeweiligen Ländern und Daten sortiert. Es finden sich Ordner wie: „Spanien 2017", „Osterausflug April 2018", „Paris 2018" usw. Genauso sind auch die Informationen in Ihrem Gedächtnis gespeichert. Wenn Sie nach einer Information oder in diesem Fall nach einer Vokabel suchen, hangeln Sie sich ebenfalls durch Ordner verschiedener Kategorien in Ihrem Kopf.

Ihre Urlaubsbilder könnten Sie allerdings auch nach anderen Kategorien sortieren. Sie könnten beispielsweise alle Bilder auf denen Sie selbst zu sehen sind in einen Ordner stecken. Oder Sie sortieren die Bilder nach: „Landschaftsbilder“, „Stadtansichten“ oder „Tierbilder“. Für Ihre Urlaubsbilder macht das vielleicht nicht viel Sinn, wenn wir diese Ordnung auf Ihr Gehirn übertragen jedoch schon.

Nehmen wir an, Sie haben einen Text gelesen, aus welchem Sie die neuen Vokabeln oder Informationen behalten wollen. Listen Sie diese Wörter mit der entsprechenden Übersetzung auf, falls es sich um Vokabeln handelt. Tun Sie dies chronologisch in der Reihenfolge, wie sie im Text vorkommen. Ihr Überordner ist nun dieser Text und jede einzelne Vokabel ein Unterordner.

Listen anlegen

Jetzt nehmen Sie ein neues Blatt und sortieren die Vokabeln erneut. Ihr Überordner ist noch immer dieser Text, die Vokabeln selbst sortieren Sie jedoch in neue Unterordner. Sie sortieren zum Beispiel alle Wörter nach Nomen, Verben, Adjektiven etc. Noch besser ist es, wenn Sie Thematiken anlegen, mit denen Ihr Gedächtnis etwas bildhafteres verbinden kann. Legen Sie zum Beispiel Ordner zu den Themen: „Bewegung“, „Essen“, „Möbel“ usw. an und sortieren Sie die Vokabeln entsprechend zu.

Im nächsten Schritt legen Sie eine neue Liste an und lassen hier die Vokabeln mehrerer Texte zusammenfließen. Wenn Sie zum Beispiel zehn Texte gelesen haben, legen Sie wieder übergeordnete Ordner an, nehmen alle Vokabeln oder Informationen aus diesen Texten, die Sie lernen wollen und sortieren Sie entsprechend in die Ordner ein. So verbinden Sie die Vokabel nicht mehr nur mit dem Text, sondern integrieren sie in eine ganze Thematik und verbinden sie mit Wörtern derselben Thematik.

Hier ein vereinfachtes Beispiel. Sie möchten sich die Vokabel für „Frosch“ in einer bestimmten Sprache merken. Sie haben bereits eine Liste mit Tieren. In genau diese Liste mit der Überthematik „Tiere“ schreiben Sie diese neue Vokabel.

Die Vokabel für „Frosch“ können Sie aber auch in anderen Ordnern unterbringen. Vielleicht lohnt es sich eine Liste mit der Thematik „Märchen“ anzulegen. Hier können Sie alle Vokabeln unterbringen, die Sie mit dieser Thematik in Verbindung bringen könnten. Bei einem Frosch denken Sie vielleicht auch an das Märchen „der Froschkönig“. Was findet sich noch in dieser Kategorie? Vielleicht das Wort für „Schloss“, „zaubern“, „damals“ etc. Eben alle Wörter die Sie auch nur im entferntesten mit der Thematik verbinden können. Diese Verbindung muss dabei nur für Sie Sinn ergeben.

Vielleicht können Sie die Vokabel „Frosch“ auch in den Überordner „Essen“ einsortieren, weil Sie wissen, das Frösche in Frankreich eine Delikatesse sind. Seien Sie kreativ, wenn es darum geht, Verbindung zwischen Wörtern und Kategorien herzustellen. Je mehr Listen mit verschiedenen Über- und Unterordnern Sie anlegen und je öfter Sie eine

Vokabel in verschiedenen Listen unterbringen können, desto leichter werden Sie sich die Übersetzung des Wortes merken.

Mehr bunt!

Eine erweiterte Version dieses Prinzips funktioniert mit der Verbindung von Vokabeln und Farben. Legen Sie eine Liste an, indem alle Überordner mit Farben gekennzeichnet sind. „Grün“, „Weiß“, „Schwarz“, „Silber“ usw. Wo würden Sie den Frosch einsortieren? Natürlich bei grün! Nicht alle Vokabeln werden Sie so klar einer Farbe zuordnen können, doch wie gesagt, muss diese Ordnung ja nur für Sie Sinn machen.

Wollen Sie sich zum Beispiel das Wort für „Mülleimer“ merken, sortieren Sie das Wort bei der Farbe ein, die Ihr eigener Mülleimer tatsächlich hat. Vielleicht ist er „Weiß“. Also werden Sie ihn unter dieser Rubrik finden. Wollen Sie sich das Wort für „Alptraum“ merken, würde es wahrscheinlich am besten in die Kategorie „Schwarz“ passen. Für viele Wörter, insbesondere die, die keine Nomen sind, werden Sie sehr abstrakt denken müssen. Aber genau dieses abstrakte Denken und verknüpfen ist es, das Sie die Vokabeln im Kopf behalten lässt. Allein schon wenn Sie darüber nachdenken müssen, in welche Kategorie Sie Ihr Wort nun einordnen sollen, sorgt dafür, dass es sich in Ihrem Gedächtnis festsetzt. Welcher Farbe würden Sie zum Beispiel die Verben „kaufen“, „schwimmen“ und „springen“ zuordnen. Überlegen Sie mal und bilden Sie Ihre eigenen Assoziationen!

Hier ein paar Vorschläge. Die richtige Antwort gibt es aber wie gesagt nicht. Sie müssen eine Assoziation finden, die für Sie selbst sinnvoll ist. „Kaufen“ verbindet man natürlich mit Geld und dieses wiederum könnte man mit dem wertvollen Metall „Silber“ oder „Gold“ verbinden. Vielleicht gibt es aber auch etwas, was Sie sich schon lange kaufen wollen. Ein Auto, ein Handy, ein Sofa. Welche Farbe hätten Sie am liebsten? Ein rotes Auto? Ein schwarzes Handy? Ein braunes Sofa? Dann sortieren Sie das Verb „kaufen“ bei der entsprechenden Farbe ein.

Das Verb „schwimmen“ würden die meisten Menschen wahrscheinlich der Farbe „Blau“ unterordnen, weil Sie schwimmen mit Wasser assoziieren. Das Verb „hüpfen“ können Sie eventuell mit der Farbe „Grün“ assoziieren, denn hier steht bereits Ihr „Frosch“ und der hüpft ja schließlich und ist meistens grün. Wenn Sie die Vokabeln aus unterschiedlichen Texten und Quellen auf diese Art und Weise zusammenbringen, haben Sie bereits ein komplexes Netz von Wörtern in Ihrem Gedächtnis gesponnen. Die Verbindung zwischen diesen Wörtern und Ordnern gilt es nun zu stärken und zu trainieren.

Visualisierung im Wohnzimmer

Wenn Sie eine solche Farb-Liste erstellt haben, trainieren Sie diese, indem Sie sie visuell mit Orten und Gegenständen verbinden. Stellen Sie sich zum Beispiel in Ihr Wohnzimmer. Sie haben die Farb-Liste mit den entsprechend sortierten Vokabeln vor sich. Welche Vokabeln sind der Farbe „Rot“ untergeordnet? Vielleicht folgende: „Unfall“, „schneiden“, „scharf“ etc. Jetzt suchen Sie einen roten Gegenstand in Ihrem Wohnzimmer. Vielleicht gibt es dort ein rotes Kissen. Konzentrieren Sie sich auf dieses Kissen. Je nach dem wie viele Vokabeln Sie zum Thema „Rot“ auf Ihrer Liste haben, wollen Sie diese mit dem roten Kissen assoziieren. Assoziieren Sie maximal drei Wörter mit einem Gegenstand. Für dieses Kissen merken Sie sich also die Vokabeln „Unfall, schneiden, scharf“ in der entsprechenden Übersetzung. Murmeln Sie die Vokabeln vor sich hin, während Sie das rote Kissen anblicken. Haben Sie noch mehr Vokabeln in der Kategorie „Rot“ stehen, dann suchen Sie nach einem weiteren roten Gegenstand. Nun ist die nächste Farbe dran. Welche Wörter haben Sie mit den Farben

„Braun“, „Gelb“, „Orange“ usw. verbunden.

Assoziieren Sie am Anfang nicht zu viele Wörter mit Gegenständen in Ihrem Wohnzimmer. Beginnen Sie zum Beispiel damit 15 Vokabeln Gegenständen zuzuordnen. Dass heißt Sie brauchen fünf Gegenstände, alle in möglichst unterschiedlichen Farben, denen Sie jeweils drei Vokabeln zuordnen. Gehen Sie mehrmals durch Ihr Wohnzimmer, stellen Sie sich vor diese Gegenstände und gehen Sie im Kopf die Vokabeln durch, die Sie Ihnen zugeordnet haben.

Zum Beispiel: Sie stehen vor einer blauen Vase. „Blau“ ist also Ihre Farbkategorie. Wenn Sie die blaue Vase anblicken, rufen Sie sich die drei Wörter in Erinnerung, die Sie mit der Vase verbunden haben: „schwimmen, Meer, kalt“. Schreiten Sie weiter die Stationen in Ihrem Wohnzimmer ab. Als nächstes stehen Sie vor einem grünen Kaktus und Sie wiederholen, die Wörter, die Sie dem Kaktus zugeordnet haben: „Baum, Schmerzen, weinen“. Ihre nächste Station ist ein cremefarbener Teppich. Sie wiederholen die Vokabeln für: „Strand, heiß, Papier“. Wenn Sie alle Stationen abgeschlossen haben, beginnen Sie die Runde von vorne, solange bis Sie alle Wörter verinnerlicht haben.

Am Anfang werden Sie noch Ihre Liste als Hilfestellung brauchen. Sie können an den entsprechenden Gegenständen aber auch kleine Zettel mit den drei Wörtern anbringen, die Sie dem jeweiligen Gegenstand zugeordnet haben. Nach und nach können Sie dann die Zettel entfernen. Je nach dem ob Sie sich die Vokabeln bereits gemerkt haben oder nicht. Wenn Sie eine Runde in Ihrem Wohnzimmer erfolgreich absolviert haben und jede Vokabel wussten, können Sie einen weiteren Gegenstand hinzufügen und diesen wieder mit drei neuen Vokabeln verbinden.

Das gleiche Prinzip können Sie auch an anderen Orten anwenden. Verteilen Sie einige Ihrer Vokabeln auf Gegenstände in Ihrem Büro oder Ihren Garten. Je unterschiedlicher die Orte sind, desto besser.

Wörter mit Orten verbinden

Mit der selben Methode können Sie Vokabeln mit verschiedenen Wegmarken verbinden. Am Besten mit einem Weg den Sie regelmäßig gehen oder fahren. Zum Beispiel Ihrem Arbeitsweg. Welchen markanten Orten begegnen Sie, wenn Sie zur Arbeit fahren? Vielleicht kommen Sie an einem Restaurant vorbei. Sammeln Sie Wörter, die Sie sich zum Thema „Essen“ merken wollen und wiederholen Sie sie immer, wenn Sie an diesem Restaurant vorbeikommen. Kommen Sie an einer Bar, einem Buchladen, einer Post, einem Bahnhof, einer Tankstelle vorbei, verbinden Sie diese Orte ebenfalls mit Ihren neu zu lernenden Vokabeln. Verbinden Sie wieder Vokabeln und Orte, bei denen Ihnen persönlich die Assoziation logisch scheint. Wenn Sie am Bahnhof vorbeikommen, sprechen Sie beispielsweise, die Wörter „reisen, Zug, schnell, Urlaub, weit, sitzen“ in der entsprechenden Übersetzung vor sich hin.

Bauen Sie dieses System von Assoziationen aus und erweitern Sie es, indem Sie nicht nur einzelne Wörter, sondern

Wortgruppen und Sätze mit diesen Orten verbinden. Beginnen Sie eine kleine Geschichte zu erzählen und die Worte miteinander zu verbinden. Jedes mal wenn Sie nun am Bahnhof vorbeikommen, sagen Sie: „Ich *reise* mit dem *Zug* in den *Urlaub*. Hamburg ist *weit*, aber der Zug fährt *schnell*. Ich *sitze* im Zug und lese ein Buch." Natürlich sprechen Sie den Satz, in der jeweiligen Fremdsprache, die Sie lernen. So werden Ihnen wiederum neue Wörter begegnen, welche Sie in Ihre kleine Geschichte einbauen wollen. Vielleicht fehlt Ihnen das Wort für „lesen" in Ihrer Geschichten. Sie möchten es aber verwenden, weil es gut passt. Sie schlagen es also nach und von nun an können Sie das Wort „lesen" mit Ihrer Geschichte verbinden. Erinnern Sie sich an den Kontext Ihrer Geschichte und erzählen Sie sie immer gleich, wird Ihnen auch das Wort für „lesen" wieder einfallen, sobald Sie nur an den Bahnhof denken.

Der Klassiker: Karteikarten

Zusätzlich dazu sollten Sie sich Karteikarten anlegen. Bei dieser ganz klassischen Lernmethode besorgen Sie sich kleine Karteikarte möglichst in unterschiedlichen Farben. Auf eine Seite schreiben Sie ein Wort in der Fremdsprache auf der Rückseite die jeweilige Übersetzung, so dass Sie die Karte zur Kontrolle lediglich umdrehen müssen. Pro Karte schreiben Sie nur ein Wort. Sie sortieren Ihre Karteikarten jedoch so, wie Sie die Thematiken in Ihrem Kopf bereits angelegt haben oder anlegen wollen.

Das heißt, alle Wörter die Sie dem Bahnhof zugeordnet haben, an dem Sie jeden Tag vorbeifahren, liegen in einem eigenen Ordner, den Sie durch eine eigene Farbe kenntlich machen können. Wenn Sie die Vokabeln, welche Sie mit den verschiedenen Orten verbinden bereits gelernt haben, können Sie einen Schritt weitergehen. Sie kommen nun nicht an den entsprechenden Orten vorbei, sondern sitzen zu Hause auf Ihrem Sofa. Sobald Sie eine Vokabel auf einer Karteikarte sehen, erinnern Sie sich jedoch hoffentlich trotzdem daran, mit welchem Ort Sie zu verbinden ist. Daraufhin fällt Ihnen Ihre kleine Geschichte und somit auch die passende Übersetzung ein. Wenn Sie das einzelne Wort auf der Karteikarte lesen, benutzen Sie noch einmal einen anderen Sinn. Dieses Mal sehen Sie das geschriebene Wort.

Sie müssen nun versuchen, die Geschichte die Sie sich im Ordner „Bahnhof" überlegt haben zu erzählen, ohne das Sie sich direkt an dem Ort befinden. Wenn Sie das schaffen, können Sie versuchen Karteikarten verschiedener Ordner zu mischen und eine völlig neue Geschichte zu erfinden. Nehmen wir an, Sie mischen alle Wörter die Sie dem Bahnhof, der Straßenlampe, der Kreuzung und dem Stadion zugeordnet haben. Ganz oben auf dem Stapel liegt das Wort „Nacht". Entweder die Seite auf der sich das Wort in der Fremdsprache befindet liegt oben oder die deutsche Übersetzung. Das ist Ihnen überlassen. In jedem Fall sollten Sie hier aber variieren. Erfinden Sie also einen Satz mit diesem Wort. Kontrollieren Sie, ob Ihr Satz Sinn macht, indem Sie die Karte umdrehen.

Auf der nächsten Karteikarte steht das Wort „reisen". Wieder überlegen Sie sich einen Satz zu diesem Wort. Allerdings so, dass er den vorherigen Satz fortsetzt und so eine kleine Geschichte beginnen lässt. Am Ende könnten Sie mit Hilfe Ihrer Karteikarten eine Geschichte wie die Folgende erzählen. Die Vokabeln die auf Ihren Karteikarten vorgegeben waren, sind kursiv: „In der *Nacht* gehe ich zum Bahnhof. Ich *reise* nach Hamburg. Ich *lese* ein Buch im *Zug*. Ich sehe aus dem *Fenster* und *trinke* einen Kaffee. Ich *besuche* meine Familie in Hamburg....“ usw.

Ihre Sätze hängen natürlich von dem Niveau und den Kenntnissen ab, die Sie in dieser Sprache bereits besitzen. Wenn Sie Anfänger sind, werden Ihre Sätze natürlich einfacher und simpler ausfallen. Bilden Sie Sätze, die Sie im Stande sind zu bilden. Fordern Sie sich jedoch auch ein wenig heraus.

Lassen Sie sich ruhig Zeit Ihre Geschichte zu erfinden. Wenn Sie ein Wort brauchen, dass Sie gerne einbauen würden, schlagen Sie es nach. Sie können jeden einzelnen Satz Ihrer Geschichte auch aufschreiben, so sehen Sie die Wörter noch einmal visuell. Nicht nur das! Versuchen Sie sich jeden Satz in Ihrer Geschichte bildhaft vorzustellen. Visualisierung ist ein weiteres Hilfsmittel, auf das wir noch zurückkommen werden. Stellen Sie sich zum Beispiel genau vor, wie Sie im Zug sitzen und ein Buch lesen. Haben Sie ein konkretes Bild von dem Satz im Kopf, den Sie gerade gebaut haben.

Wenn Sie Ihre Geschichte beendet haben, machen Sie eine kurze Pause. Gehen Sie im Kopf noch einmal durch, was in der Geschichte alles passiert ist. Dann wiederholen Sie Ihre Geschichte noch einmal und hangeln sich mit Hilfe der Karteikarte an deren Inhalt entlang.

Vokabeln praktisch benutzt

Der effektivste Weg Vokabeln zu lernen, ist natürlich die praktische Anwendung, dass heißt, wenn Sie sich mit anderen Personen in dieser Sprache unterhalten. Da dies nicht immer möglich ist, können Sie sich auf andere Weise Abhilfe schaffen. Eine Möglichkeit ist es Selbstgespräche zu führen. Wann immer Sie für eine Fremdsprache lernen, Geschichten in dieser erfinden usw. sollten Sie laut vor sich her sprechen.

Eine Unterhaltung mit einer anderen Person ist allerdings schon etwas anderes. Die Herausforderung besteht hier daraus, dass die andere Person unverhofft Fragen stellen könnte oder anders reagiert als man dachte. Darauf muss die eigene spontane Reaktion folgen. Die können Sie üben, indem Sie sich Fragen in der Fremdsprache auf Karteikarten schreiben. Einfache Fragen, die möglichst überall passen oder lediglich ein Fragewort, wie: „Wann?“, „Warum?“, „Wie?“, „Mit wem?“ usw. Dann beginnen Sie selbst über ein Thema in der Fremdsprache zu erzählen. Zum Beispiel erzählen Sie über Ihren Tag. Nach jedem Satz decken Sie eine Frage auf Ihrer Karteikarte auf. Welches Fragewort steht dort? Beenden Sie die Frage, als ob Sie Ihr Gegenüber stellen würde und antworten Sie. Dann erzählen Sie weiter, decken die nächste Frage auf usw.

Hier ein Beispiel:

„Heute bin ich um 7Uhr aufgestanden“.

Warum? … „bist du um 7Uhr aufgestanden?“

„Ich musste arbeiten. Ich bin ins Büro gefahren.“

Mit wem? … „bist du ins Büro gefahren?“

„Ich bin alleine gefahren....“ usw.

Eine andere Möglichkeit eine Unterhaltung möglichst praktisch zu üben, ist die Folgende. Für diese Übung, müssen Sie jedoch bereits ein bestimmtes Niveau erreicht haben. Sie brauchen ein Audio in der Fremdsprache, die Sie lernen. Zum Beispiel einen Fernsehsender, Radiosender oder ein YouTube-Video in der entsprechenden Sprache. Hören Sie das Audio und stoppen Sie es nach ein paar Sätzen oder stellen Sie es lautlos. Reagieren Sie auf zuvor Gesagtes. Wenn Ihnen dazu nichts einfällt oder das Ihr Niveau übersteigt, können Sie an dieser Stelle bestimmte Phrasen üben. Wie zum Beispiel: „Sie haben Recht“, „Das sehe ich genauso.“, „Das stimmt nicht.“ usw.

Sicher haben Sie jetzt viele Tipps erhalten, wie Sie insbesondere Fremdsprachen üben können, indem Sie einzelne Vokabeln eben nicht stur auswendig lernen, sondern in ein Netz bereits vorhandener oder grade im Bau befindlicher Informationen einbauen. Verlassen wir nun dieses Thema, widmen uns dem merken von Zahlen und einer dabei besonders prädestinierten Methode: dem Eselsbrückenbauen.

ESELSBRÜCKEN BAUEN

Eselsbrücken bauen Sie oft automatisch und unbewusst. Häufig gelingt Ihnen das, indem Sie ähnlich klingende Wörter, mit den Dingen verbinden, die Sie sich merken wollen. Sich Zahlenfolgen zu merken, ist vielleicht schon etwas schwieriger. Grade in der heutigen Zeit, wo wir für jeden Online-, Bank- oder Handyzugang eine PIN-Nummer brauchen.

Geheime Zahlen

Eselsbrücken können Sie auch bewusst bauen, um sich diese Nummern zu merken. Hierfür erstellen Sie sich ein Codierungssystem für die Zahlen von 0-9. Jede Zahl verbinden Sie mit einem für Sie logischen Gegenstand. Die Zahl kann so ungefähr klingen, wie ein Gegenstand, sieht einem Gegenstand ähnlich oder Sie verbinden die Zahl mit einer anderen abstrakteren aber für Sie logischen Sache.

Das kann beispielsweise so aussehen:

0 = ein Ei

1 = ein Baum

2 = zwei Beine

3 = drei Musketiere

4 = ein Stuhl mit vier Beinen

5 = eine Hand mit fünf Fingern

6 = ein Würfel mit sechs Seiten

7 = die sieben Zwerge

8 = eine Achterbahn

9 = eine Katze hat neun Leben

Sobald Sie Ihre Codierung der Zahlen von 0-9 gefunden haben, können Sie sich mit dieser Hilfe Ihre Geheimzahl einprägen. Die meisten PIN-Nummern haben vier Stellen. Für diese vier Ziffern bauen Sie jetzt mit Ihrem Codierungssystem ein oder zwei Sätze. Damit Sie nicht vergessen welche PIN zu welchem Gerät oder Zugang gehört, sollten Sie in Ihre winzige Geschichte auch einbauen um was für ein Passwort es sich handelt. Nehmen wir an 9642 ist die PIN für Ihr Smartphone. Codieren Sie nun diese PIN. Zum Beispiel: „Die Katze (9) spielt mit dem Würfel (6) auf dem Stuhl (4), der nur auf zwei Beinen (2) steht. Der Stuhl fällt um und die Katze wirft das Handy (PIN!) runter."

Um sich diese zwei Sätze mit der Codierung besser einzuprägen, brauchen Sie eine besonders bildhafte Vorstellung. Stellen Sie sich diese Szene, die Sie soeben erschaffen haben, genau vor. Schließen Sie die Augen und haben Sie da Bild vor sich, auf dem Sie die Katze sehen, die mit dem Würfel auf dem Stuhl spielt. Der Stuhl kippelt, fällt um und dabei wirft die Katze das Handy runter. Wenn Sie das nächste Mal die PIN für Ihr Handy brauchen, visualisieren Sie einfach diese Szene und Ihnen wird die richtige Zahlenfolge einfallen. Nach einer gewissen Zeit, werden Sie die

Szene nicht mehr bewusst aufrufen müssen. In Ihrem Unterbewusstsein wird diese PIN mit der Verbindung zu eben jener Szene festgehalten werden.

Sie können sich so auch Jahreszahlen oder längere Nummernfolgen merken. Zum Beispiel eine Telefonnummer: 0103257679. Versuchen Sie es mal und erfinden Sie für diese Zahl eine Geschichte mit Ihrer Codierungsmethode! Zum Beispiel: „Ein Ei (0) liegt in einem Baum (1). Das Ei (0) fällt herunter. Ein Musketier (3), der auf zwei Beinen (2) steht und gerade telefoniert (TELEFONNUMMER!), fängt es mit seiner Hand (5) das Ei auf. Die sieben Zwerge (7) wollen es gegen einen Würfel (6) tauschen. Die Zwerge (7) fahren mit der Achterbahn (8) davon.“ Je abstrakter und lustiger Ihre Geschichte desto besser!

Codierung

Sie können dieses Codierungssystem auch für andere Sachen und nicht nur Zahlen anwenden. Sie kennen das vielleicht von der Eselsbrücke, die hilft sich die Himmelsrichtungen zu merken. „*N*iemals *o*hne *S*eife *w*aschen." Im Uhrzeigersinn sind die Himmelsrichtungen: *N*orden, *O*sten, *S*üden, *W*esten. Sie nehmen also die Anfangsbuchstaben der Himmelsrichtungen und bauen sich daraus eine Eselsbrücke. Und wieder gilt: Je abstrakter, lustiger oder unterhaltsamer desto besser.

Die selbe Überlegung können Sie auch auf andere, kompliziertere Dinge anwenden, an die Sie sich erinnern wollen. Wollen Sie sich zum Beispiel die Namen aller Bundeskanzler der Bundesrepublik Deutschland in der korrekten chronologischen Reihenfolge merken, benutzen Sie an Stelle der Zahlen die Anfangsbuchstaben der jeweiligen Kanzler. „*A*lle *e*hemaligen *K*anzler *b*ringen *s*amstags *k*nusprige *S*emmeln *m*it." Die Kanzler sind in chronologischer Reihenfolge: *A*denauer, *E*rhard, *K*iesinger, *B*randt, *S*chmidt, *K*ohl, *S*chröder, *M*erkel.

Hier eine kleine Aufgabe für Sie. Wie würden Sie sich die Planeten des Sonnensystems merken? Die Planeten sind: Merkur, Venus, Erde, Mars, Jupiter, Saturn, Uranus, Neptun, Pluto (Fraglich, ob letzterer als Planet gelten kann). Die Anfangsbuchstaben sind also: M, V, E, M, J, S, U, N und P. Sie können Sie in diesem Fall auch in eine andere Reihenfolge bringen. Überlegen Sie sich nun also einen Satz oder eine kleine Geschichte, in der Sie jene Anfangsbuchstaben verwenden. Seien Sie kreativ und benutzen Sie Ihre Phantasie. Auch wenn Sie länger brauchen, um über eine passende Codierung nachzudenken, je intensiver Sie nachdenken, desto besser werden Sie sich am Ende Ihre Eselsbrücke eingeprägt haben.

Zum Beispiel: „*M*ein *V*ater *e*rklärt *m*ir *j*eden *S*onntag *u*nsere *n*eun *P*laneten.“ Erfinden Sie eine weitere mögliche Eselsbrücke!

Sie haben das Prinzip jetzt verstanden. Nun sind Sie gefragt! Erfinden Sie eine Eselsbrücke für die Namen aller Ihrer Kollegen im Büro oder die Hauptstädte aller deutschen Bundesländer. Lassen Sie Ihrer Phantasie freien Lauf, je phantastischer umso besser.

Reime

Auch mit Reimen lassen sich hervorragend Eselsbrücken konstruieren. Kommen wir noch einmal auf die Himmelsrichtungen zurück. Vielleicht ist Ihnen dieser Reim bekannt, der Ihnen auch den Sonnenverlauf verrät: „Im Osten geht die Sonne auf, im Süden hat sie Ihren Mittagslauf, im Westen wird sie untergeh'n, im Norden ist sie nie zu sehen.“ Oder merken Sie sich bestimmte Schreibregeln oder andere Merksätze mit diesem System. Zum Beispiel: „Wer nämlich mit 'H' schreibt, ist dämlich“. Oder vermutlich kennen Sie diesen klassischen Merksatz noch aus dem Englischunterricht: „He, She, It – das 'S' muss mit.“

Auch für Jahreszahlen können Sie Reime benutzen. Hier ein paar Beispiele aus dem Geschichtsunterricht. Zum Beispiel für das Gründungsjahr der Stadt Rom: „Sieben Fünf Drei - Rom schlüpft aus dem Ei.“, die Kaiserkrönung von Karl dem Großen: „Acht Null Null – Karl sitzt auf dem Stuhl.“ oder das Gründungsjahr der Schweiz: „Zwölf Neun Eins – gegründet war die Schweiz.“

Überlegen Sie sich ebenfalls einen Reim. Beginnen Sie

mit dem Geburtsjahr Ihrer Mutter. Ein Beispiel: 1964. „Eins Neun Sechs vier – Mama ist jetzt hier.“ Vielleicht haben Sie ein Problem sich den vollen Geburtstag Ihrer Mutter zu merken. Weiten Sie Ihre Eselsbrücke aus. „Der 7. im Kalender, es war ein kalter November. Eins Neun Sechs Vier – Mama ist jetzt hier.“ Der Geburtstag in unserem Beispiel ist also der 7.11.1964. Überlegen Sie sich eine solche Eselsbrücke für die Geburtstage Ihrer nächsten Familienmitglieder oder Freunde, um sich diese endlich zu merken.

Oder benutzen Sie das gleiche Prinzip für Ihre PIN. Zum Beispiel: „Drei Drei Neun Vier – Mein Handy gehört mir.“ oder die PIN für Ihre Kreditkarte: „Vierundvierzig dreißig – bald bin ich reich, wenn ich bin fleißig.“ Probieren Sie dies einmal mit Ihren eigenen PIN-Nummern!

Mit Bildern arbeiten

Eselsbrücken kann man auch in Bilder einbauen. Sie brauchen nur ein wenig Kreativität. Wollen Sie sich zum Beispiel eine Zahl merken, bauen Sie in Ihr Bild eine entsprechende Abbildung ein, die so ähnlich aussieht, wie die Zahl, die Sie sich merken wollen. Hier ein weiteres Beispiel aus dem Geschichtsunterricht. Sie wollen sich das Todesdatum für Julius Caesars Ermordung merken. Zeichnen Sie ein Bild mit einer am Boden liegenden Person, welche im Rücken zwei Messer zu stecken hat, denn auf jene Weise wurde Caesar ermordet. Die zwei Messer lassen Sie wie zwei Vieren aussehen. 44 v.Chr. wurde er ermordet. Drehen Sie die Vieren in Ihrer Zeichnung um, so dass die Spitzen nach unten zeigt, so können Sie daraus leicht zwei Messer machen. Markieren Sie noch einmal die Vieren in den Messern rot und prägen Sie sich das Bild gut ein.

Nicht nur Zahlen können Sie sich mit Hilfe von Bildern merken. Nehmen wir an, Sie wollen sich den Unterschied zwischen „Brutto“ und „Netto“ merken. Brutto ist Ihr theoretisches Gehalt und Netto meint Ihr Gehalt, welches Sie am

Ende abzüglich aller Steuern und Abgaben tatsächlich haben. Wenn Sie sich nun endlich den Unterschied zwischen Beidem merken wollen, weil Sie die Begriffe ständig verwechseln, können Sie folgendes Bild zu Papier bringen. Brutto beginnt mit einem „B“ genau wie „Brot“. Zeichnen Sie ein liegendes Brot, so dass die obere Seite, wie ein liegendes „B“ aussieht. Dieses Brot ist die Metapher, für das Geld (Ihr täglich Brot), dass Sie theoretisch bekommen sollten, bevor man Ihnen einen Teil davon wegnimmt. Zeichnen Sie nun ein Messer über dem Brot und zwar so, dass die Spitze einem „N“ gleicht. Malen Sie das „N“ noch einmal deutlich nach. „N“ steht natürlich für Netto. Das Messer symbolisch für den Staat etc. der Ihnen von Ihrem Brot sogleich Steuern und Abgaben abschneiden wird und so Ihr Nettogehalt daraus macht.

Natürlich gibt es noch viele andere Möglichkeiten, wie Sie sich den Unterschied zwischen beiden Wörtern merken könnten. Denken Sie daran, dass es für Sie Sinn machen muss.

Selbstgemacht

Mit Eselsbrücken lassen sich Fakten und Verwechslungen schnell und sicher merken. Sie können mehrere Fakten in einer Brücke unterbringen. Benutzen Sie Eselsbrücken als Alternative für stumpfes Auswendiglernen. Durch ständiges Wiederholen trockener Fakten, werden Sie kaum etwas im Gedächtnis behalten können, denn wie Sie bereits gelernt haben, brauchen Sie ein Wissensnetz, indem Sie Informationen speichern können. Ohne dieses Netz aus weiteren Informationen, Assoziationen und Verbindungen, wird sich kaum eine Information in Ihrem Kopf halten können. Sie bauen Eselsbrücken übrigens ständig in Ihrem Unterbewusstsein, um sich Dinge zu merken. Einzelne Fakten, verbinden Sie immer mit einem Ort oder Bild im Kopf, mit einer Geschichte oder anderen Dingen, Situationen die mit diesem Fakt verbunden sind oder Ähnlichkeit aufweisen. Oft fällt Ihnen erst später auf, dass Sie hier bereits eine Eselsbrücke gebaut haben, um sich etwas zu merken. Nutzen Sie dieses Potential also auch bewusst.

Für viel Faktenwissen oder komplizierte Zusammenhänge ist die Methode des Eselsbrückenbauens allerdings nicht geeignet. Für kleine, gemeine Fakten und das sind schließlich die meisten, welche einfach nicht in Ihrem Kopf bleiben wollen, weil Sie sich nur schlecht in ein Netz integrieren lassen, sind Eselsbrücken jedoch die perfekte Waffe. Arbeiten Sie mit Bildern, Geschichten, Reimen, Metaphern, Abkürzungen etc. Nehmen Sie sich Zeit über Ihre Eselsbrücke nachzudenken. Es lohnt sich! Sie brauchen keine Zeit mehr aufs Auswendiglernen verwenden, Sie haben also genug Zeit sich eine kreative Eselsbrücke zu überlegen. Kreativität – ist das Stichwort! Je kreativer, lustiger, unterhaltsamer und einfallsreicher, desto besser. Während Sie nach der passenden Brücke suchen, speichert Ihr Gehirn den Fakt, den Sie sich merken wollen bereits ab. Es wird sich also lohnen eine Weile nach der passenden Brücke zu suchen.

Je geübter Sie darin werden Eselsbrücken zu bauen, desto leichter wird es Ihnen fallen auf diese Art und Weise zu denken und sich etwas zu merken. Sie werden Ihr Gedächtnis erweitern und es mit neuen Verbindungen stärken können. Üben Sie diese Stärkung Ihres Gedächtnisses, indem Sie versuchen für banale Dinge möglichst viele Eselsbrücken zu bauen. Probieren Sie es für einen Fakt aus und finden Sie hier möglichst viele Lösungen. Sie bauen nicht nur eine Brücke sondern viele, die alle zum selben Ziel führen. Hier ist eine kleine Übung für Sie! Gehen Sie mal ins Badezimmer. Im Zahnputzbecher stehen vielleicht zwei Zahnbürsten oder vielleicht sogar mehr. Eine gehört Ihnen, die andere Ihrem Partner oder Mitbewohner. Bauen Sie nun so viele Eselsbrücken wie möglich, für die Lösung, wem welche Zahnbürste gehört.

Natürlich wissen Sie bereits, welche Ihnen gehört. Ihre ist die Rote und dem anderen gehört die Blaue. Wie haben Sie sich dies aber gemerkt? Ihr Unterbewusstsein hat hier bereits eine Brücke gebaut. Vielleicht haben Sie sich die Rote Zahnbürste ausgesucht, weil Sie eine Frau sind und die Farbe Rot irgendwie weiblicher ist? Was auch immer Sie sich dabei gedacht haben, Ihr Unterbewusstsein hat für eine Brücke gesorgt. Probieren Sie jetzt mindestens zehn weiter Eselsbrücken zu finden. Die Farbe der Bürsten kann dabei Ihr erster Ausgangspunkt sein. Assoziieren Sie die Farben in möglichst kreativer Weise mit der Person, der sie gehört. Vielleicht steht die eine Zahnbürste immer links, die andere immer rechts. Vielleicht sieht man der einen an, dass Sie bereits ein bisschen älter ist, die andere ist nagelneu. Sie können die gleiche Übung auf verschiedenste Dinge anwenden. Wie merken Sie sich, auf welcher Seite das Shampoo und auf welcher das Duschgel steht? Wie könnten Sie sich merken, welches Auto in Ihrer Familie, wem gehört? Und so weiter... Seien Sie kreativ!

WER SIND SIE? NAMENSGEDÄCHTNIS

Gehören Sie zu den Menschen, die ein Problem damit haben sich Namen von Personen zu merken? Sie kennen die Gesichter und Sie wissen, dass Sie den Namen der Person kennen sollten, der Name liegt Ihnen auch auf der Zunge, aber Sie kommen einfach nicht drauf. Das ist Ihnen ein wenig peinlich und Sie müssen sich mal wieder damit entschuldigen, dass Sie einfach ein sehr schlechtes Namensgedächtnis haben. Warum ist es nur so schwer für uns sich Namen zu merken? Hierfür gibt es tatsächlich einen Grund und eine interessante Erklärung. *Namen* sind ein abstraktes Konzept, welches wir mit zunehmender zivilisatorischen Entwicklung *erfunden* haben! In der Natur, kommen Namen natürlich nicht vor. Kein Elefant, kein Hund, kein Spatz gibt seinem Kind einen Namen, richtig?!

In der Natur erkennen Tiere Ihre Jungen und Artgenossen am Aussehen. Genau deshalb haben wir auch kein Problem damit uns Gesichter zu merken, sehr wohl aber Namen. Namen sind eine Erfindung unserer Zivilisation, nicht aber der

Evolution. Sie sind außerdem so abstrakt, dass wir kaum eine Eselsbrücke bauen können. Wir können die Namen mit nichts weiter verbinden als mit den Gesichtern selbst. Uns fehlt also das Netz aus Informationen in welches wir einen Fakt, hier in Form eines Namens, einbauen könnten. Mit Nachnamen war das früher noch einfacher. Der Schmied im Dorf hieß tatsächlich so. Der Müller und der Bäcker ebenfalls. Wir konnten also eine Verbindung herstellen zwischen dem Beruf der Person, seinem Aussehen und seinem Nachnamen. Je globalisierter unsere Welt wurde, desto abstrakter wurden jedoch die Namen.

Das unsere Welt sich immer schneller dreht und es immer mehr Ablenkung gibt, ist ein weiterer Grund dafür, dass es schwer für uns ist sich Namen zu merken. Oft haben wir kein großes Bewusstsein dafür, wie jemand heißt. Andere Informationen erscheinen uns einfach wichtiger zu sein. Wenn es zum Beispiel um ein Meeting am Arbeitsplatz geht, bei dem Sie neue Kunden, Mitarbeiter oder Kollegen treffen, steht eben das Projekt, der Verkauf von etwas und die Leistung und die Ergebnisse, die jene Mitarbeiter erbringen im Vordergrund. Sie wahren die Höflichkeit, indem Sie „Guten Morgen" sagen, wenn Sie ins Büro kommen, sobald sich Ihnen jemand vorstellt sind Sie jedoch nicht mehr besonders aufmerksam, sondern Sie sind mit Ihren Gedanken schon einen Schritt weiter und zwar bei der Arbeit.

Dabei wäre es doch ein Zeichen von Wertschätzung sich die Namen anderer Menschen zu merken, oder? Sie müssen sich auch gar nicht davor scheuen, noch einmal nach dem Namen des anderen zu fragen, wenn Sie ihn nicht verstanden haben.

Assoziationen

Oft fällt es schwerer sich Namen in einer neuen Umgebung oder Situation einzuprägen. Wenn wir nervös oder gestresst sind, sortiert unser Gehirn sofort, welche Dinge wichtig sind und welche sich gemerkt werden müssen. Namen gehören eben nicht dazu. Auch wenn der Name des Gegenübers besonders kompliziert ist, wir ihn nie zuvor gehört haben, weil es ein ausländischer oder besonders ausgefallener Name ist, werden wir ihn uns nur schwer merken können. Und das selbst wenn wir ihn verstanden haben und richtig aussprechen können.

Der Grund ist, dass Namen, die wir nie zuvor gehört haben, für unser Gehirn zunächst nur eine Abfolge von Buchstaben sind ohne Sinn zu ergeben. Wir brauchen also wieder eine Assoziation. Wenn Sie auf solch einen außergewöhnlichen Namen stoßen, lernen Sie ihn erst einmal korrekt auszusprechen, dabei suchen Sie nach einer passenden Assoziation. Wonach klingt dieser Name für Sie? Auf welches Wort in Ihrer Muttersprache reimt er sich? Was klingt so ähnlich? Suchen Sie dabei nicht lange nach einer passenden

Assoziation, nehmen Sie einfach die, die Ihnen zuerst einfällt. Sie werden merken, wenn die Assoziation passt und sich in Ihrem Gedächtnis festgesetzt hat. Vielleicht hat Ihr Gegenüber auch schon Erfahrung damit gemacht, dass andere Personen sich seinen Namen schlecht merken können. Fragen Sie ihn doch einfach. Vielleicht hat er bereits eine passende Eselsbrücke für Sie parat.

Auditives Merken

Welcher Lerntyp sind Sie eigentlich? Lernen Sie am Besten durch hören, sehen oder praktische Anwendung? Von jedem vielleicht ein bisschen, von einem aber immer ein bisschen mehr als vom anderen. Wenn Sie sich Dinge besser durch Hören und Sprechen merken können. Dann sollten Sie den Namen der Person mehrmals vor sich her murmeln. Schließen Sie dabei die Augen und stellen Sie sich das Gesicht der Person vor. Verbinden Sie es mit markanten Dingen, die die Person auszeichnen. Zum Beispiel die Haarlänge, Brille, buschige Augenbrauen, besonders groß, besonders klein usw. Sprechen Sie den Name jetzt mehrmals vor sich hin und wiederholen Sie ihn in Gedanken immer wieder, wenn Sie jene Person sehen. Sagen Sie ihn in verschiedenen Lautstärken und mit unterschiedlichen Betonungen. Flüstern Sie ihn, Singen Sie ihn usw.

Visuelles Merken

Sind Sie eher der visuelle Lerntyp, entwerfen Sie für die Dinge die Sie sich merken wollen oft Bilder. Auch hier wird es Ihnen helfen, wenn Sie sich markante Gesichtszüge etc. jener Person bewusst machen. Oder aber Sie malen in Ihren Gedanken ein Bild von jenem Namen. Bei deutsch klingenden Nachnamen geht das natürlich besonders gut. Heißt zum Beispiel jemand „Lauterbach", denken Sie an einen laut vor sich hin rauschenden Bach. Wenn Sie nicht sofort ein Bild im Kopf haben, dann suchen Sie nach einer passenden Eselsbrücke. Wonach hört sich der Name für Sie an? Können Sie daraus ein Bild in Ihren Gedanken malen?

Für Vornamen ist es ein wenig schwieriger, die passende bildliche Assoziation zu finden. Vielleicht gibt es eine Comicfigur oder einen Schauspieler mit gleichem Namen, den Sie sich einprägen können und dann assoziieren. Oder Sie helfen sich indem Sie etwas kreatives mit dem Anfangsbuchstaben des Personennamens anfangen. Nehmen wir das Beispiel: „Kathrin". Ihre neue Kollegin heißt Kathrin, beginnt also mit einem „K". Suchen Sie nach Dingen, die zu dieser Person gehören oder die Sie macht, die ebenfalls mit „K“ beginnen. Dazu müssen Sie Ihre Kollegin erst einmal besser kennen lernen und beobachten. Zum Beispiel: Kathrin spielt *K*lavier, sie kauft sich in jeder zweiten Mittagspause ein Stück *K*uchen, sie *k*ocht gerne, sie hat zwei *K*inder, sie fährt einen VW-*K*ombi, sie kommt aus *K*oblenz etc. Finden Sie so viele Assoziationen wie möglich und stellen Sie sich diese dann bildhaft vor. Integrieren Sie das Bild von Ihrer neuen Kollegin sowie die jeweilige Tätigkeit oder die Sache die mit dem Anfangsbuchstaben ihres Namens beginnt.

Haptisches Merken

Die Anwendung in der Praxis ist natürlich die beste Art sich etwas zu merken. Schreiben Sie den Namen, den Sie sich merken wollen, auf einen Zettel. Sprechen Sie Ihn aus, während Sie ihn mehrmals aufschreiben. Integrieren Sie ihn nun in einen Satz, den Sie mit etwas verbinden, das die Person bereits gemacht hat oder etwas, das Ihnen besonders aufgefallen ist. Zum Beispiel: „Kathrin hat mich heute morgen begrüßt. Kathrin hat mir 'Guten Morgen' gesagt. Kathrin hat immer gute Laune, wenn Sie ins Büro kommt. Kathrin hat heute eine weiße Bluse an....“. Erwähnen Sie in jedem Satz den Namen dieser Person.

Stellen Sie sich als nächstes vor, wie Sie mit der Person ein imaginäres Gespräch führen, ganz egal über was und benutzen Sie auch hier in jedem Satz den Namen der Person, wenn Sie mit Ihr in Gedanken sprechen. Genau das sollten Sie auch im realen Gespräch. Nennen Sie einfach mal öfter den Namen der Person.

Namen-Party

Oft kennen wir mehrere Personen mit dem gleichen Namen. Wenn das hier der Fall ist, dann überlegen Sie doch mal, wie viele Personen mit dem gleichen Namen Sie kennen oder kannten. Stellen Sie sich Gesichter und Situationen vor. Hier ordnen Sie nun auch die erst jetzt Kennengelernte mit selbigem Namen ein. Stellen Sie sich vor, wie alle Personen mit diesem Namen eine Party oder ein Grillfest machen, einfach weil Sie sich freuen, alle den gleichen Namen zu tragen. Da gibt es eine Peter-Party, ein Kathrin-Barbeque und ein Beate-Fest. Klingt doof, aber genau deshalb werden Sie sich die Personen und Ihre Namen nun merken. Malen Sie sich die Szenen auf dieser Party detailreich aus. Was könnte diese und jene Beate machen, was entspricht dem Charakter der anderen. Ihre Phantasie ist mal wieder gefragt.

Wenn es bereits zu spät ist

Wenn alles zu spät ist und Sie doch den Namen einer Person vergessen haben sollten, bleiben Ihnen folgende Auswege. Zeigen Sie Humor. Lachen Sie über sich selbst und Ihre Vergesslichkeit, wenn Sie den anderen wissen lassen, dass Sie seinen Namen vergessen haben. Seien Sie in jedem Fall ehrlich und geben Sie zu, dass Ihnen der Name entfallen ist. Suchen Sie nicht nach Ausreden, der andere wird es ja doch merken. Entschuldigen Sie sich höflich.

Erwähnen Sie etwas, an das Sie sich aus dem letzten Treffen mit dieser Person erinnern. So zeigen Sie Ihrem Gegenüber, dass Sie vielleicht ein schlechtes Namensgedächtnis haben, ansonsten Ihre Mitmenschen und ihr Tun aufmerksam wahrnehmen. Wo und wann haben sie beide sich das letzte Mal getroffen? Erwähnen Sie den Ort und die Zeit. „Ja, natürlich! Herr.../Frau... Wir haben uns doch letztes Jahr schon einmal bei dieser Veranstaltung getroffen." Wenn Sie Ihrem Gesprächspartner auf sympathische Art und Weise begegnen, wird Ihnen keiner übel nehmen, dass Sie seinen Namen vergessen haben.

Trotzdem! Machen Sie es das nächste Mal besser. Wenn Sie das nächste Mal jemand Neues kennenlernen, erinnern Sie sich bewusst daran, auf seinen Namen zu achten. Sobald Ihr gegenüber Ihnen seinen Namen mitgeteilt hat, wiederholen Sie ihn. Sagen Sie: „Hallo, Herr.../ Frau... Schön Sie kennenzulernen." Wenn Sie sich von der Person verabschieden, verwenden Sie ihren Namen ebenfalls.

Wenn Sie mit jener Person sprechen, blicken Sie ihr fest in die Augen. Die Augen eines Menschen, werden Sie am Besten an ihn erinnern. Andere äußere Merkmale sind zwar ebenfalls hilfreich, aber Moden und Haarschnitte ändern sich. Die Augen einer Person sind jedoch unverwechselbar. Bauen Sie sich auch im Bezug auf Namen kunstvolle Eselsbrücken. Womit verbinden Sie diesen Namen? Fällt Ihnen eine Geschichte, ein Film, ein Bild, ein Reim, eine andere Person ein, die den gleichen Namen trägt? Vielleicht ist es auch angebracht, die andere Person nach Ihrer Telefonnummer oder anderen Kontaktdaten zu fragen. So tricksen Sie ein wenig und haben später noch Zeit, den Namen zu lernen und in Ihrem Gedächtnis abzuspeichern.

3 METHODEN FÜR KOMPLEXES LERNEN

An dieser Stellen wollen wir Ihnen drei Methoden erläutern, wie Sie komplexe Inhalte lernen können. Die Basis der drei Methoden kennen Sie bereits. Sie haben Sie bereits für einzelne Dinge, die Sie sich merken wollen, wie Vokabeln, Zahlen und Namen kennengelernt. Oft war Ihre Kreativität und visuelle Vorstellungskraft gefragt. Ein paar wichtige Tipps zu Beginn! Sie können es wahrscheinlich gar nicht mehr hören, es ist jedoch wichtig noch einmal zu erwähnen, dass es nichts bringt kurz vor einer Prüfung etwas zu lernen. Die Grundvoraussetzung sich komplexe Lerninhalte merken zu können ist, dass Sie sie verstanden haben. Es nützt gar nichts mathematische Formeln auswendig zu lernen, wenn Sie nicht wissen, wo und wann Sie sie anwenden müssen. Nur wenn Sie einen komplexen Zusammenhang verstanden haben, können Sie diesem auch Einzelheiten wie eine Formel zuordnen. Ihre Formel braucht eine Verbindung, die Ihnen sagt, wie und wo Sie sie benutzen müssen.

Sie brauchen also eventuell zunächst einmal Zeit, ein komplexes System zu verstehen und müssen dann in diesem System einzelne Informationen einordnen und neue Verbindungen herstellen. Wenn Sie sich diese Zeit nehmen, probieren Sie diese drei Methoden doch einmal aus.

Palast bauen

Sie brauchen für diese Methode eine gute Vorstellungskraft. Sie bauen in Gedanken einen Palast. Die zu lernenden Informationen sind die Bausteine dieses Palastes. Jedes Gebäude braucht ein Fundament. Das Fundament, auf dem Ihr Palast bald stehen soll, wird durch die grundlegenden Lerninhalte gebildet. Sie müssen also wissen, was genau Sie lernen müssen. Der Palast bildet am Ende eine Art Inhaltsverzeichnis, das Ihnen einen Überblick gibt, wo Sie relevante Informationen einordnen und wo Sie sie wiederfinden. Sie sind also der Ingenieur dieses Palasts. Sie bekommen einen Überblick über den Stoff, den Sie lernen müssen. Wenn es sich um viel Stoff handelt, müssen Sie ihn in Ihrem Palast intelligent verbauen, sonst wird er sie erschlagen. Allein die Auseinandersetzung und Ihre Überlegungen, wie Sie den Lernstoff in Ihrem Palast unterbringen, lässt die Informationen bereits in Ihrem Gedächtnis haften und stellt Verbindungen her.

Die wichtigsten zu lernenden Punkte für Ihre Prüfung, bilden die tragenden Säulen Ihres Palasts. Welches sind diese Säulen im Bezug auf Ihre Thematik? Hierfür müssen Sie überlegen, wie Sie den Lernstoff am besten unterteilen und gliedern. Ihr Palast wächst immer weiter in die Höhe. Sie schließen Ihn mit einem Dach ab. Er kann Türmchen und Treppen haben, welche verschiedene Themen verbinden. Lassen Sie dieses Gebäude ganz bewusst in Ihren Gedanken entstehen. Rufen Sie es sich mehrmals in Erinnerung und bauen Sie es immer wieder Stein für Stein. So werden Sie die Lerninhalte bald verinnerlicht haben. Wenn Sie eine Information abrufen wollen, wissen Sie wie Sie sich mit Hilfe dieses Palasts über Treppen und mehrere Stockwerke durch Ihr Gedächtnis hangeln können, um die richtige Information zu finden.

Routen ablaufen

Sie kennen bereits die Methode einzelne Informationen in Orte und Gegenstände einzuschreiben. Zum Beispiel wenn Sie Vokabeln lernen. Diese Methode können Sie ausbauen und für komplexere Inhalte benutzen, gleichzeitig sorgen Sie mit einem Spaziergang für ein bisschen Bewegung und frische Luft. So lässt es sich am besten lernen! Machen Sie einen Rundgang im Park und nehmen Sie Ihr Lernmaterial mit. Auf Ihrer Route kommen Sie an besonderen Wegmarken vorbei. Zum Beispiel einer Parkbank, einer besonders alten und großen Eiche, einem Haus voller Graffiti, einer Brücke etc. Der Weg, den Sie wählen, sollte relativ kurz und prägnant sein, so dass Sie Ihn innerhalb von 10 bis 15 Minuten abschreiten können, ohne Ihre Lerninhalte zu rezitieren.

Prägnanten Orten auf dieser Route ordnen Sie nun also Inhalte aus Ihren Lernmaterialien zu. Die Methode eignet sich besonders gut, wenn Sie später etwas in der bestimmten Reihenfolge wiedergeben wollen, zum Beispiel einen Vortrag oder eine Präsentation halten wollen. Die Inhalte bestimmter Themen, verbinden Sie nun mit bestimmten Orten und Punkten auf Ihrer Route. Diese Orte sind wie Ihr Inhaltsverzeichnis. Schreiten Sie die Route immer wieder ab, bleiben Sie vor der entsprechenden Wegmarke stehen und rufen Sie sich die Inhalte in Erinnerung. Laufen Sie sie tatsächlich oder machen Sie sich in Gedanken auf zu Ihrem Spaziergang und gehen Sie Ihre Punkte ab.

Mind Mapping

Mind Mapping kann für zwei Dinge genutzt werden. Entweder um Idee zu sammeln, zusammenzutragen und gleichzeitig zu sortieren oder eben um bereits vorhandene Informationen visuell auf Papier zu bringen. Die Methode ist also vor allem für visuelle Lerner gedacht. Der Komplexität sind bei dieser Methode durch die Größe Ihres Blatt Papiers allerdings Grenzen gesetzt. Unterteilen Sie Ihre Lerninhalte deshalb am besten vorher in Thematiken. Schreiben Sie nun die Thematiken jeweils in die Mitte von einem Blatt Papier. Von Ihrem Thema in der Mitte gehen Äste zu verschiedenen Unterpunkten ab, diese Unterpunkte haben ebenfalls Unterpunkte. Zwischen Punkten unterschiedlicher Kategorien lassen sich eventuell Verbindungen herstellen, die Sie einzeichnen können. So haben Sie am Ende ein Konstrukt Ihrer Lerninhalte. Wenn Sie mit der Kategorisierung und der Anordnung nicht zufrieden sind, konstruieren Sie das System noch einmal neu. Ihre Anordnung und Unterteilung der Inhalte und Informationen sollte möglichst logisch sein. Verwenden Sie für die Zeichnung Ihrer Mind Map auch unterschiedliche Farben und Schriftarten. Verinnerlichen Sie die Map indem Sie sie kopieren, mit dem Stift nachzeichnen und zu jedem Punkt und Stichwort, die ausführlichen Informationen rezitieren, die Sie sich merken müssen. Hängen Sie die Mind Maps an die Wand oder einen Spiegel in Ihrer Wohnung, so dass Sie ständig daran vorbeilaufen, vor ihnen stehen bleiben und sie betrachten.

Methoden kombinieren

Schlagen Sie mehrere Fliegen mit einer Klappe und überlegen Sie sich, wie Sie Lernmethoden kombinieren können. Wollen Sie zum Beispiel eine Fremdsprache üben und gleichzeitig die Geburtstage Ihrer Familienmitglieder lernen, dann formulieren Sie die hier vorgestellten Methoden des Eselsbrückenbauens und anderer Codierungsmethoden eben nicht auf Deutsch, sondern in der jeweiligen Fremdsprache.

Die in diesem Kapitel vorgestellten Methoden für das Merken von komplexen Verbindungen sind wichtig, um ein ganzes System zu erfassen, zu verstehen und entsprechende Verbindungen in unserem Gedächtnis herzustellen. Es ist jedoch nicht dafür gedacht, an einzelne Informationen zu erinnern. Hierfür können Sie jedoch die Methoden aus den obigen Kapiteln in Ihr komplexes Lernsystem integrieren. Wenn Sie zum Beispiel mit Listen oder Karteikarten Vokabeln oder andere einzelne Informationen lernen, können Sie diese prima in eine komplexe Lernmethode integrieren. Ihre Karteikarten sind vermutlich auf eine gewisse Art und

Weise sortiert. Wenn Sie nun eine Route auf Ihrem Spaziergang erschaffen, in welcher Sie verschiedene Orte und Punkte mit bestimmten Lerninhalten verbinden, können Sie hier der bereits festgelegten Ordnung Ihrer Karteikarten folgen. Jeder Wegmarke an der Sie auf Ihrer Route vorbeikommen, ordnen Sie so und so viele Vokabeln, zu dem und dem Thema zu. Merken Sie sich dabei nicht nur einzelne neue Wörter, sondern binden Sie diese in Sätze, Phrasen, etc. ein. Schaffen Sie eine Eselsbrücke zur Thematik dieser Vokabeln zum Ort, mit dem Sie sie verbunden haben. Haben Sie zum Beispiel Lerninhalte zum Thema „Hobby" in Ihrer Fremdsprache, dann integrieren Sie den Skate-Park in Ihrer Nachbarschaft in Ihre Route und legen all diese Lerninhalte genau hier ab. Haben Sie Lerninhalte zum Thema „Urlaub" legen Sie diese auf Ihrer Route im Reisebüro ab. Und so weiter.

Seien Sie kreativ und schaffen Sie Verbindungen und Ordnungssysteme, die für Sie selbst logisch sind. Vergessen Sie nicht während dem Lernprozess möglichst alle Ihre Sinne anzusprechen. Visualisieren Sie Lernstoff. Hören Sie ihn. Wiederholen Sie ihn, indem Sie ihn aussprechen und praktisch anwenden.

GEDÄCHTNISSPIELE

In diesem abschließenden Kapitel wollen wir Ihnen 10 Spiele erläutern, mit denen Sie Ihr Gedächtnis trainieren können. Ob jung oder alt – die Übungen und Spiele richten sich an alle Interessierte, die Ihr Gedächtnis trainieren wollen. Es braucht mindestens zwei Spieler für jede Übung. Je mehr Teilnehmer Sie finden desto besser, denn alle Spiele sind praxisorientiert und machen mit mehreren Spielern auch mehr Spaß.

Die Übungen sind alle aus der Perspektive mit Ihnen als Spielleiter beschrieben. Probieren Sie die Übungen doch einmal ohne große Vorbereitung aus. Versuchen Sie dann die oben beschriebenen Methoden zu integrieren und zu benutzen. Sicher werden Sie feststellen, dass diese Methoden Ihnen enorm helfen werden, sich in der Übung besser zu erinnern, die Aufgabe leichter zu lösen und Ihre Merkfähigkeit zu stärken.

Spiel 1 - Unterm Tuch

Legen Sie viele verschiedene kleine Gegenstände auf den Tisch. Zum Beispiel eine Uhr, eine Porzellanfigur, ein Handy, eine Tasse usw. Geben Sie den Teilnehmern kurz Zeit, sich die Gegenstände anzusehen. Legen Sie nun ein Tuch über die Gegenstände. Die Teilnehmer müssen die Gegenstände nennen, die sich unter dem Tuch befinden, soweit Sie sich erinnern können. Die Konturen unter dem Tuch werden Ihnen dabei helfen.

Versuchen Sie nach der ersten Runde eine der vorgestellten Methoden anzuwenden. So können Sie beispielsweise aus den Gegenständen eine kurze Geschichte konstruieren so lange Sie sie sehen, um somit einen Pfad zu haben, an dem Sie sich später an die Gegenstände erinnern können, sobald diese verdeckt sind. Oder Sie merken sich nur die Anfangsbuchstaben oder die Farben der Gegenstände. Zum Beispiel: drei rote, zwei gelbe, zwei blaue Gegenstände. So festigen Sie ein Merkmal der Gegenstände in Ihrem Gedächtnis und stellen eine weitere Verbindung her, durch die Sie sich später wieder an die Objekte erinnern können.

Spiel 2 – Etwas fehlt

Bei einer ähnlich Übung brauchen Sie die Gegenstände auf dem Tisch erneut. Diesmal legen Sie jedoch kein Tuch darüber. Geben Sie den Teilnehmern kurz Zeit sich die Gegenstände anzusehen. Dann schließen sie die Augen und Sie entfernen einen der Gegenstände. Die Teilnehmer müssen nun das Objekt benennen können, welches Sie entfernt haben.

Diese Übung können Sie noch um einiges steigern, indem Sie sie auf einen ganzen Raum anwenden. Die Teilnehmer haben Zeit sich im Zimmer umzusehen. Dann müssen Sie das Zimmer verlassen und draußen warten, während Sie als Spielleiter einen Gegenstand entfernen oder verändern. Achten Sie aber darauf, dass die Übung durchführbar bleibt. Ändern Sie kein zu kleines Detail im Zimmer.

Spiel 3 – Einkaufen

Hierfür brauchen Sie viele Bilder von Lebensmitteln oder Dingen, die Sie im Supermarkt kaufen können. Schneiden Sie diese Bilder aus und legen Sie sie auf den Tisch. Alternativ kann Ihre Küche auch als Supermarkt herhalten. Jeder Teilnehmer bekommt nun eine Einkaufliste mit zehn Dingen, die er im Supermarkt kaufen soll. Die Teilnehmer haben wieder Zeit die Liste zu verinnerlichen. Dann müssen Sie sie umdrehen, sich an die Sachen erinnern, welche Sie kaufen sollten und die entsprechenden Bilder raussuchen.

Spiel 4 – Farben

Für dieses Spiel brauchen Sie Farbbilder oder Fotos. Die Teilnehmer sehen sich die Bilder an. Dann werden sie abgedeckt und der Spielleiter fragt, welche Dinge auf den Bildern oder Fotos welche Farbe haben. Zum Beispiel: Welche Farbe hatte das Auto auf dem Foto? Welche Farbe hatte die Hose von dem Mädchen? Wie sah die Katze aus? usw. Alternativ können die Teilnehmer auch wieder ein ganzes Zimmer betrachten und sich merken, sofern es sich nicht zum ihr eigenes zu Hause handelt. Gehen Sie dann mit allen Teilnehmern aus dem Zimmer und fragen Sie zum Beispiel: Welche Farbe hatte die Vase neben dem Fernseher? Welche Farbe hatte das Buch auf dem Tisch? Welche Farbe hatten die Kissen auf dem Sofa? usw.

Spiel 5 – Ab in den Urlaub!

Sie brauchen Kleidungsstücke und Sachen, die Sie normalerweise mit in den Urlaub nehmen würden. Am besten möglichst viele Dinge, die scheinbar gegensätzlich sind. Zum Beispiel Sonnencreme und eine Skibrille, Flipflops und Handschuhe, ein Männerrasierer und ein Fläschchen Nagellack. Sie sollten mindesten 30 Objekte zusammen kriegen. Werfen Sie alle Gegenstände auf einen Haufen. Jetzt bekommen die Teilnehmer alle zusammen drei Koffer. Auf diese Koffer müssen sie die Gegenstände in logischer Ordnung verteilen. Die Teilnehmer müssen also die Gegenstände strukturieren und Kategorien schaffen, in welche Sie die Sachen einsortieren wollen. Lassen Sie sich erklären, wie sie die Koffer und Ihren Inhalt strukturiert haben und wie die Teilnehmer Dinge erklären, die vermeintlich nicht auf den ersten Blick in den Koffer passen würden. Dabei können lustige Geschichten entstehen. Schließen Sie nun die Koffer. Die Teilnehmer müssen sich nun an dessen Inhalt versuchen zu erinnern, dies wird Ihnen leichter fallen, da sie die Dinge zuvor kategorisiert haben.

Spiel 6 – Stundenplan

Die nächste Übung widmet sich dem strategischen Denken und natürlich Ihre Merkfähigkeit. Stellen Sie sich vor, alle Teilnehmer leben zusammen in einer Wohngemeinschaft. Jeder schreibt seinen Zeitplan für die gesamte Woche auf. Dieser kann fiktiv sein. Die Teilnehmer sollten nicht allzu viel freie Zeit offen lassen. Sie schreiben zum Beispiel: Montags 8-12 Uhr Enkelkinder hüten; 13 – 14 Uhr Mittagsschlaf; 16 – 18 Uhr Spiele-Nachmittag etc.

So einen Plan entwerfen Sie für jeden Tag der Woche. Die Teilnehmer prägen sich Ihren Wochenplan nun ein und drehen ihn dann um. Da sie nun eine Wohngemeinschaft sind, wollen die Bewohner manchmal auch etwas zusammen unternehmen. Finden sie also gemeinsam Termine an denen Sie zum Beispiel alle Zeit haben um zusammen zu putzen, ins Café zu gehen oder einen Film zu sehen.

Spiel 7 – Wortsalat

Jeder Teilnehmer schreibt zehn Wörter jeweils auf einen kleinen Zettel. Alle Zettel werden in die Mitte gelegt und Oberbegriffen zugeordnet. Welche Kategorien können Sie anlegen und in welche Kategorien passen welche Wörter. Verteilen Sie die Wörter möglichst gleichmäßig. Nun bekommt jeder Teilnehmer die Wörter einer Kategorie. Er hat Zeit sich die Wörter anzusehen. Dann muss er Sie weglegen oder umdrehen und mit diesen Wörtern eine kurze Geschichte erzählen. Ist er fertig, so ist der nächste Teilnehmer dran. Die anderen sollten aufmerksam zuhören, denn haben alle Ihre Geschichte fertig erzählt, müssen sich die anderen Teilnehmer möglichst detailliert an jede einzelne Geschichte erinnern und sie nacherzählen. Dabei helfen ihnen die Zettel mit den Wörtern. Diese dürfen Sie nun wieder aufdecken und sie werden den Teilnehmern eine Hilfe sein, sich an die jeweilige Geschichte zu erinnern.

Spiel 8 – Signalgeschichten

Sie brauchen eine Geschichte, die Sie den Teilnehmern vorlesen. In dieser Geschichte suchen Sie sich ein möglichst markantes Wort heraus, das relativ häufig vorkommt. Die Zuhörer sollen sich auf dieses Wort konzentrieren. Jedes Mal wenn Sie das Wort hören, sollen Sie etwas machen, zum Beispiel ihre Hand heben. Um das ganze schwieriger zu gestalten, können Sie sich in einer Geschichte auch zwei oder drei Wörter heraussuchen. Jedes Mal wenn das zweite oder dritte Wort zuhören sind, müssen die Zuhörer eine andere vorher festgelegte Bewegung vollziehen. Nehmen wir zum Beispiel an, Sie lesen eine Tierfabel vor. Jedes Mal wenn Sie das Wort „Fuchs“ lesen, heben die Teilnehmer ihre rechte Hand. Jedes Mal wenn das Wort „Bär“ gelesen wird, strecken die Zuhörer die Zunge heraus und wenn das Wort „Hase“ zu hören ist, müssen die Zuhörer kurz aufstehen.

Wollen Sie die Zuhörer ganz besonders fordern, können sie versuchen mitzuzählen, wie oft die jeweiligen Wörter in Ihrer Geschichte genannt wurden.

Spiel 9 – Maler

Sie brauchen ein möglichst einfach gehaltenes Bild oder Sie malen selbst eines. Die Teilnehmer haben Zeit das Bild zu betrachten. Anschließend wird es umgedreht und die Teilnehmer müssen das Bild aus ihrer Erinnerung heraus kopieren und selbst zeichnen. Sie der Spielleiter, können das Bild auch lediglich verbal beschreiben. Erwähnen Sie dabei aber auch Details. Diese Variante fordert nicht nur die Merkfähigkeit der Teilnehmer, sondern auch Ihr visuelle Vorstellungskraft.

Spiel 10 – Spaziergang

Sie machen mit den Teilnehmern einen Spaziergang. Sie haben sich die Route vorher genau überlegt. Sie haben auch den Spielern, diese Route beschrieben und unterwegs noch ein paar Aufgaben eingebaut. Sie selbst haben diesen Routenplan für den Spaziergang, die Teilnehmer müssen sich jedoch erinnern. Sie müssen sich also Ihre Wegbeschreibung und die einzelnen Stationen merken, an denen sie eine einfache Tätigkeit verrichten müssen.

Hier ein Beispiel, wie Ihre Beschreibung aussehen könnte: „Aus dem Gartentor nach links gehen, geradeaus gehen. Drei Mal auf den Mülleimer an der Kreuzung klopfen. Dann die Kreuzung überqueren. An der Bushaltestelle für 30 Sekunden hinsetzen. Weiter geradeaus gehen, dann an der Eisdiele nach rechts...“ usw.

Sie können die Beschreibung auch zwei mal erzählen, bevor Sie die Teilnehmer losschicken. Sind die Teilnehmer gut organisiert, merkt sich jeder einen Abschnitt des Weges. Darauf sollten die Spieler allerdings alleine kommen.

ZUM SCHLUSS

Anstelle einer Zusammenfassung wollen wir sehen, an was Sie sich eigentlich aus diesem Buch erinnern! Blättern Sie zurück zum Anfang des Buches oder gehen Sie zum Inhaltsverzeichnis und lesen Sie sich die Titel der Kapitel und Unterkapitel noch einmal durch. Erinnern Sie sich, worum es in den einzelnen Kapiteln ging? Was haben Sie Ihnen beigebracht?

Nun sollen Sie ein Resümee ziehen. Versuchen Sie einmal die wichtigsten Punkte, die Ihre Merkfähigkeit und Ihr Gedächtnis verbessern, selbst zu formulieren. Stellen Sie sich vor, Sie erklären einer andern Person oder einem Publikum, wie man sein Gedächtnis trainieren kann. Sie sind nun der Ratgeber! Lassen Sie Ihre eigenen Erfahrungen mit einfließen und benutzen Sie das Inhaltsverzeichnis wieder als Hilfestellung, um sich durch Ihren Vortrag zu hangeln.

Zusammenfassung

Hier noch einmal die Punkte zusammengefasst, die wir als am wichtigsten erachten:

- Haben Sie einen gesunden und stressfreien Lebensstil. Mit ausreichend Schlaf und Meditation werden Sie diesen erreichen. Sie werden Ihren Kopf aufräumen, um sich besser konzentrieren zu können und sich so wirklich Wichtiges merken zu können.
- Ordnen Sie einzelne Informationen in für Sie logische Kategorien. Sprechen Sie dabei alle Ihre Sinne (Hören, Sehen, Schreiben, Fühlen usw.) an und schaffen Sie möglichst viele Verbindungen und Assoziationen zwischen Informationen und Kategorien. Je mehr Verbindungen Ihr Wissensnetz hat, desto stärker und undurchlässiger wird es ergo desto weniger werden Sie vergessen!
- Assoziieren Sie Informationen mit Orten, Objekten oder Personen. Codieren Sie Informationen, um sie auf einer für Sie verständlicheren bildhafteren Ebene wahrzunehmen. *Bilder* sind das Stichwort! Trainieren Sie Ihre visuelle Merkfähigkeit zum Beispiel mit Eselsbrücken. Visuell lernen die meisten Menschen am besten.
- Wenden Sie Methoden wie einen „Palast bauen" und eine „Route ablaufen" auf komplexere Inhalte an. Hier sind Ordnungssysteme besonders wichtig, damit Sie den Überblick behalten und Zusammenhänge erkennen können.

- Trainieren Sie Ihr Gedächtnis! Technik ist die eine Sache, das Training die andere. Nur mit einem entsprechenden und regelmäßigen Training wird sich Ihr Gehirn physisch verändern und sich Ihr Gedächtnis erweitern und verbessern lassen.

Nachtrag

Dieses Buch hat Ihnen die nötigen Methoden, Strategien und Übungen gegeben, um Ihr Gedächtnis zu trainieren. Trainieren müssen Sie allerdings selbst. Beginnen Sie am besten sofort und machen Sie Ihren Kopf fit! Bessere Fitness im Kopf wird Ihren Alltag enorm erleichtern und, wer weiß, vielleicht sogar Ihre Karrierechancen erhöhen. Beeindrucken Sie schon bald mit einem guten Gedächtnis und damit, dass auf Sie und auf Ihr Erinnerungsvermögen Verlass ist. So schnell – werden Sie Nichts mehr vergessen!

Wenn Ihnen *„Gedächtnistraining“* gefallen hat, hinterlassen Sie gerne eine Kundenrezension auf Amazon und empfehlen Sie es weiter an Ihre Freunde.

Impressum

Thomas Langner, Kreuzbergring 24, 37075 Göttingen

Version 01.08.2017

20378518R00074

Printed in Poland
by Amazon Fulfillment
Poland Sp. z o.o., Wrocław